いざ、さばく！ というときに困らないために
魚の**体**を知る

釣った魚を食べたいと思うのは、釣り好きなら誰もが思うこと。しかし、さばき方が悪ければ、見た目も味も台無しになってしまう。そんな悲劇をまぬがれるために、魚の構造を知っておこう。

魚類

- 背ビレ
- 頭
- 目
- 上アゴ
- 下アゴ
- エラ蓋
- カマ
- カマ下
- 腹ビレ
- 胸ビレ
- 肛門
- 尻ビレ

- 背身
- 中骨
- エラ
- 浮き袋
- 腹身

エビ

- 頭
- 殻
- 剣先
- 尾

タコ

- 頭
- 足

イカ

- えんぺら
- くちばし
- 目
- げそ

索引 (50音順)

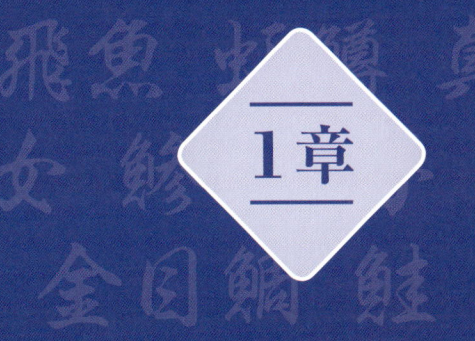

1章

出刃包丁でさばく

魚をさばく上で使用頻度がもっとも高いのが出刃包丁。この包丁は魚の首を落とし、三枚おろしにするために設計されており、魚の骨を切るために他の包丁に比べ、重く、刃も厚くなっているのが特徴だ。

アユ【鮎】

アユは塩焼きが一番。包丁はウロコ取りに使うのみで串があればいい。魚さばき初心者は、まずアユのおどり串から挑戦しよう。

魚のツボ

分類／サケ目、アユ科、アユ属
分布／日本全国
生態／ふ化した稚魚は海へ下り、沿岸部で越冬する。翌春、稚魚たちは群れをなして河川を遡上。8月ごろには1年で生涯を終える成魚となり20〜30cmの大きさに達する。

調理のポイント

内臓に風味があり、スイカのような甘い香りがする。香りを楽しむには塩焼きにするのがよい。半養殖は口が丸く、天然はとがっている。腹が赤いものは避け、白いものを選ぶ。

おどり串

1
包丁を滑らすようにしてウロコとぬめりを取る。内臓は取らない。

2
肛門のあたりを指で軽く押して、汚物を取り出す。

3
口から串を打つ。頭を下にして立たせて持ち、口に串を入れる。

4
串が反対側の表に出ないように通し、腹から一度串を出す。

5
背に串を打つ。このとき左手の親指以外の指でしっかり固定しておくと打ちやすい。

6
串が反対側の表に出ないようにし、最後に尻ビレ付近に串を出す。

7
串を打ち終わった状態。尾が上に曲がる形がよい。

8
串が通っているアユを内側から見た状態。串が中骨に絡むように打ってある。

塩を振る

尾ビレを下に向けて塩をつける。ヒレを軽く水で濡らしておくと塩がつきやすい。

背ビレを起こすようにしてまんべんなく塩をつける。

胸ビレも起こすようにして塩をつける。

反対側の胸ビレ、背ビレにも塩をつける。

最後に全体にまんべんなく塩を振って仕上げる。

塩焼き

香りを十分に楽しむには塩焼きにするのが一番

材 料

アユ	1尾
塩	適宜
谷中しょうが	1本
たで	適宜

作り方

1 アユはおどり串を打ってヒレに化粧塩をし、全体に塩を振って焼く。
2 アユを皿に盛り、谷中しょうが、たでを添える。
3 お好みでたで酢でいただく。

◆ 魚さばきの用語集 ◆

【手開き】
包丁を使わずに手で開くおろし方。身がやわらかく小骨の多いイワシなどに使われる。

【ばら引】
一般的な刺身の引き方。身の薄いもの以外のあらゆる魚に用いる。

【平作り】
一般的な刺身の引き方。身の薄いもの以外のあらゆる魚に用いる。

イサキ 【伊佐木】

淡白な味わいが特徴で、刺し身や塩焼きにするのが美味しい。
カマ下で頭を落とし、三枚におろす。

魚のツボ

分類／スズキ目、イサキ科、イサキ属
分布／本州中部以南、九州
生態／水深20〜60mの潮通しのよい岩礁域を好む。特に起伏の激しい根の頂上付近、落ち込みに大きな群れを作ることが多い。水深3〜5mまで浮いてくることも

調理のポイント

刺身や塩焼きにすると、淡白な味わいを生かせる。腹と背の色がはっきり分かれているもの、ヒレに線がはっきりと入っていてつやのあるものが新鮮で、味もよい。

三枚おろし

1 包丁でウロコを落とす。特にヒレの下をよく落とすようにする。

2 エラはアゴと頭の2か所についている。箸を差し入れた部分に包丁の刃先を入れる。

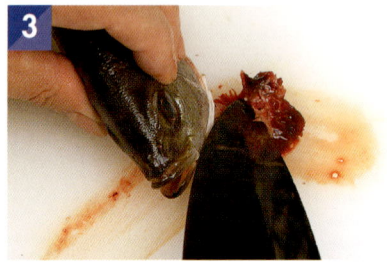

3 アゴと頭のエラを包丁で切り、かき出すようにしてエラを取る。

4 カマ下にたすきに包丁を入れ、頭を切り落とす。

5 腹に包丁で切れ目を入れて内臓を取り出す。血合いも取り、水洗いして汚れを洗い流す。

6 腹から切れ目を入れていく。包丁を寝かし、中骨に沿って切れ目を入れる。

7 背側にも切り目を入れていく。背ビレの上に包丁を入れて尾から頭まで切れ目を入れる。

8 尾から頭に向かって包丁を入れ、身と中骨を切り離す。

裏返して、裏も表と同様に背ビレの上に切れ目を入れる。包丁を中骨まで入れて切っていく。

腹は腹ビレの上に包丁を入れて、尾のほうから切れ目を入れていく。

返し包丁を入れる。尾に向かって切り目を入れ、刃を頭のほうに向けて身と中骨を切り離す。

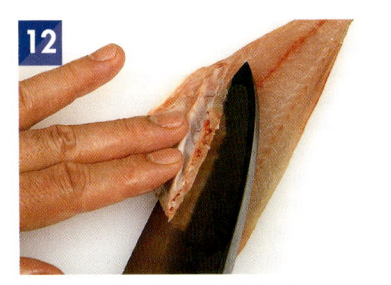

身についている腹骨を取る。包丁を寝かせて斜めに入れ、すき取る。

三枚におろした状態。身は骨抜きをする。用途によって切り分ける。

そぎ作りあさつき巻き

活きのよさを生かして刺身でさっぱりと食す。

材料

イサキ	1尾
あさつき	適宜

作り方

1. イサキは水洗いして三枚におろし、小骨を抜いて皮を引き、そぎ切りにする。
2. あさつきは4cm長さに切り、イサキで巻く。
3. 2を器に盛り、お好みで花穂、よりにんじんなどを添えて彩りよく盛る。

バター焼き〜梅肉ソース〜

バターの風味をつけて淡泊な身に梅肉のアクセント

材料

イサキ	適宜
塩、こしょう、小麦粉	適宜
バター	適宜
梅肉ソース	
無塩バター	50g
白ワイン	大さじ2
トマトピューレ	大さじ3
梅肉	大さじ1
生クリーム	大さじ1

作り方

1. イサキは水洗いして三枚におろし、腹骨、血合い骨を取りのぞく。
2. イサキに塩、こしょうをして小麦粉をまぶす。
3. フライパンにバターを入れ、イサキを焼く。
4. 鍋に梅肉ソースの材料を入れ、火にかけて煮つめる。
5. 器にソースを引き、イサキのバター焼きを盛り、お好みでせん切りにした野菜を添える。

イシモチ【石持】

身はとてもやわらかく、あっさりとした淡白な味わいが特徴。
火を通すことで旨味がぐっと増す。塩焼きがおすすめ。

三枚おろし

1 ウロコを取る。包丁を尾から滑らすようにすると取りやすい。

2 頭をたすきに落とす。両側からカマ下に包丁を入れて、いっきに切る。

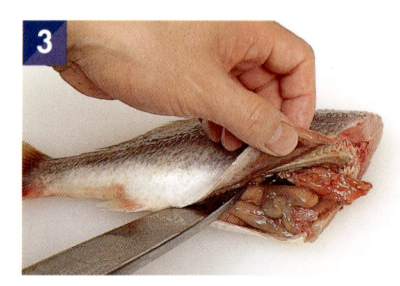

3 腹に切れ目を入れ、開く。

4 内臓を取りのぞき、血合いに包丁の刃先を入れて削り取る。

5 ボールに水を入れて、腹の中を丁寧に洗い流す。

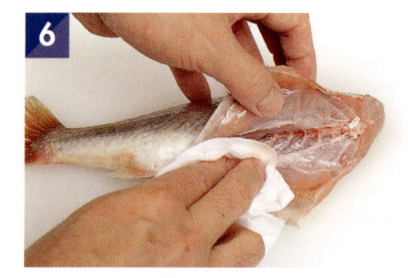

6 水洗いしたら、乾いた布巾で水気を取る。

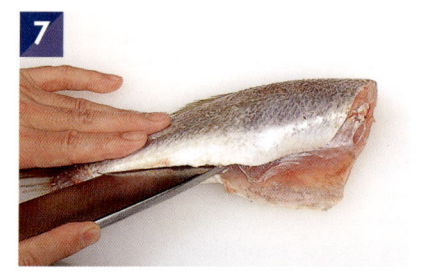

7 腹ビレの上に包丁を入れて、中骨に沿って尾まで切る。

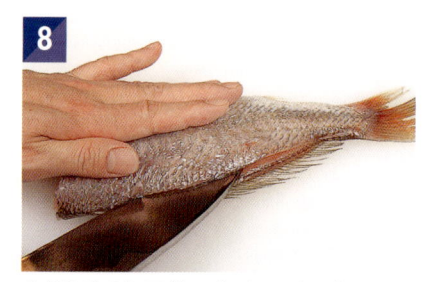

8 背側も腹側と同様に背ビレの上に包丁を入れて、頭まで切り進める。

9
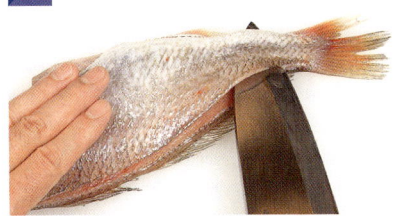
包丁を中骨にあたるまで入れて切り進める。

10
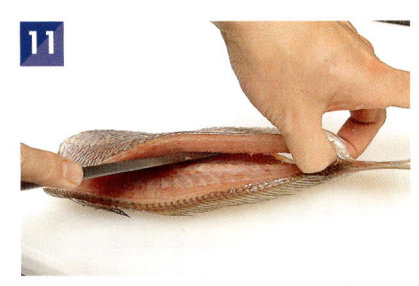
身と中骨を切り離しやすくするために、尾に切り込みを入れておく。

11
身と中骨を切り離す。包丁の向きを返して、いっきに身と中骨を切り離す。

12
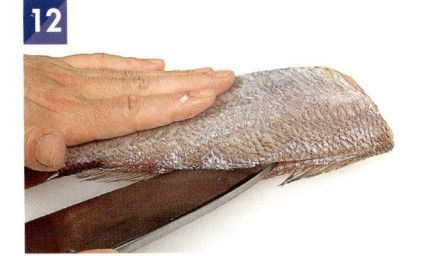
裏側にも同様に背と腹に切れ目を入れて、返し包丁で尾の部分を切る。

13

身と骨の部分をいっきに切り離していく。

14

三枚おろしの完成。身が二枚と中骨が切り分かれた状態。

から揚げの黒酢あんかけ

からっと上げたイシモチにとろみをつけていただく

材料（4人前）

		黒酢あん	
イシモチ	2尾	だし汁	250ml
塩・こしょう	適宜	みりん	50ml
片栗粉	適宜	濃口しょうゆ	50ml
揚げ油	適宜	黒酢	25ml
レンコン	1節	砂糖	大さじ2
なす	1本	水溶き片栗粉	適宜
にんじん	1/2本	生姜汁	適宜
枝豆	20粒		

作り方

1 イシモチは水洗いして、三枚におろし、骨抜きにした身を食べやすい大きさに切る。切り身に塩、こしょうで味を調え、片栗粉をまぶし、油で揚げる。

2 レンコンは皮をむいて食べやすい大きさに切り、酢を入れたお湯で茹でる。なすは皮をむき、輪切りにして素上げにする。にんじんは皮をむき、乱切りにして茹でる。枝豆は塩茹でし、薄皮をむく。レンコンとにんじんはだし汁、味噌、薄口しょうゆで下味をつける。（分量外）

3 イシモチと野菜を盛り、黒酢あんをかける。

イボダイ 【疣鯛】

やわらかい身と淡白な味わいが特徴の高級魚。調理法は
さまざまあるが干物や焼き物が定番。

二枚におろす

1

出刃包丁で丁寧にウロコを落とす。

2

胸ビレを持ち上げながら、その周りのウロコ
を落とす。

3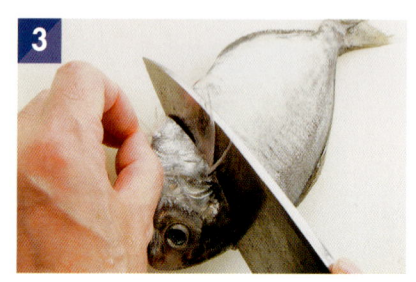

背側から包丁を入れ、頭をたすきに落とす。

4

腹を開いて内臓を取り出す。奥に残ってい
る血合いも忘れずに取り除く。

5

腹ビレの上から包丁を入れ、尾のほうまで切
り進める。

6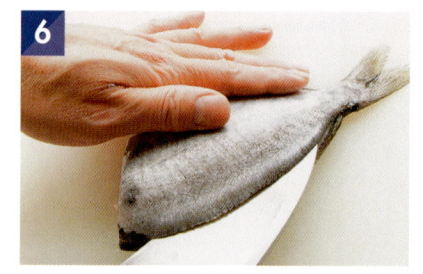

背ビレの上から包丁を入れ、頭に向かって
切り進める。

7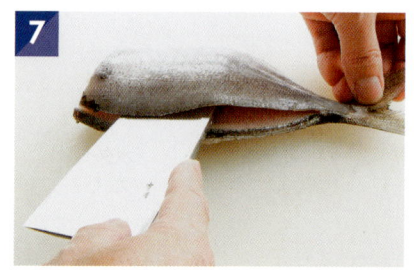

包丁を身の奥まで入れ、身と骨を一気に切
り離す。

8

二枚におろした状態。身が柔らかいので慎
重にさばく。

三枚におろす

1 中骨のある側を下におき、頭から尾に向けて切り進める。

2 次に包丁を腹側に入れて、頭に向けてさばく。

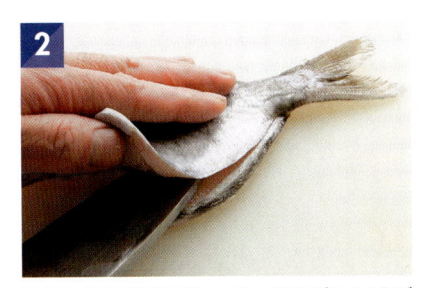

3 三枚おろしの完成。切り離した身は腹骨を取り除いてから食す。

◆ 魚さばきの用語集 ◆

【三枚おろし】
上身、中骨、下身の三枚におろす方法のこと。

【細工づくり】
刺身を美しく見せるために、花や木の葉などの形に細工する手法。

から揚げ
カラッと揚がった食感で噛むほどに旨みが出てくる

材料（2人前）

イボダイ（大）	1尾	ししとう	2本
片栗粉	適宜	レモン	1/4個
揚げ油	適宜	酒、濃口しょうゆ	各大さじ1

作り方

1 おろした身を食べやすい大きさに切り、酒、濃口しょうゆで下味をつけ、片栗粉を付けて揚げ油で揚げる。中骨も片栗粉をまぶし、揚げる。
2 器に身と中骨を盛り付け、素揚げしたししとう、レモンを添える。

塩焼き
焼き上がった塩の香ばしさと上品な白身の味がマッチする

材料（2人前）

イボダイ（大）	1尾	甘酢	適宜
塩	適宜	みょうが	適宜

作り方

1 さばいたイボダイの身を半分に切り、皮目に沿って切れ目を入れる。
2 切り身を2本の串に挿し、塩を振って焼き上げる。
3 焼き上がったら器に盛り、甘酢につけたみょうがを添える。

イワシ 【鰯】

日本の家庭でも馴染み深い魚の一種。採れたては刺し身で食すのが美味。塩焼きや煮つけもおすすめ。

大名おろし

1 まずは、ウロコを取る。尾のほうから刃先を立てながら、動かしていく。

2 次に頭を落とす。カマ下に包丁をまっすぐに入れて頭を落とす。

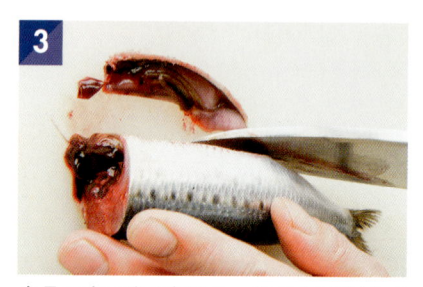

3 小骨の多い腹の部分は、先に切り落としておく。

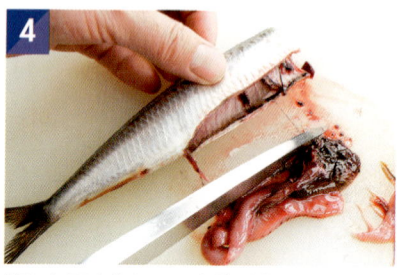

4 腹に包丁を入れて、内臓を引き出し、水洗いする。

5 血合い骨に沿って、一気に尾まで形身を切り離していく。

6 身を裏返し、裏側も同様にして尾まで切り離していく。

7 大名おろしの完成。身が二枚と中骨の三枚におろした状態。

タタキにする

1 皮を剥がす。皮目を上にしてまな板に置き、左手で身を押えて、頭のほうから剥がしていく。

2 皮を上に引っ張るようにして、ゆっくりと尾まで剥がしていく。

3 細かく切ったイワシの身を、包丁で叩いて細かくする。

手開きにする

1 ウロコ、内臓を取り、頭を落として腹の真ん中に親指を入れ、中骨に沿って左右に開く。

2 反対側も同様にして親指を入れ、中骨に沿って左右に開く。

3 手開きの完成。中骨と一緒に小骨も取れるので、調理しやすい。

なめろう

味噌の風味がきいた酒の肴にもってこいの一品

材料（4人前）

イワシ	5尾
長ねぎ	1/2本
しょうが	30g
大葉	4枚
赤味噌	大さじ2

作り方

1 イワシは水洗いして、三枚におろす。皮をむいた切り身を包丁で細かく切る。
2 長ねぎ、しょうがはみじん切り、大葉はせん切りにする。
3 細かくきざんだイワシ、長ねぎ、しょうが、大葉、赤味噌を混ぜ合わせ、ねばりが出るまでよく叩く。お好みで濃口しょうゆ、にんにくを加えてもよい。

オコゼ 【虎魚】

背ビレに猛毒があり、押しつぶされたような顔をもつオコゼ。
そんな外見とは裏腹に、コクのある味わいで高級料理にも使われる。

魚のツボ

分類／カサゴ目、オニオコゼ科、オニオコゼ属

分布／本州中部以南、東シナ海

生態／オコゼと言えば、一般的にオニオコゼのことを指す。背ビレのとげに毒があり、漁師の間では「満潮時に刺されると、潮が引くまで痛みが消えない」と言われるほど強い。

調理のポイント

不気味な顔つきや鋭いとげを持つのでおいしそうには見えないが、その味はフグに匹敵するほど格別。弾力のある白身は、他の魚にはない食感とコクがある。

大名おろし

1 背ビレに包丁を入れ、尾までしっかりと切れ目を入れる。

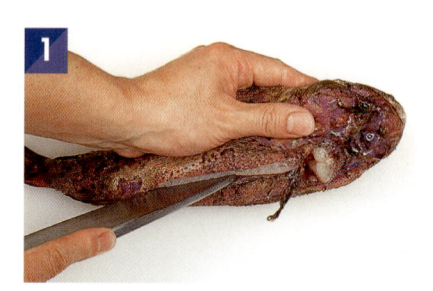

2 次に裏返して背ビレの上に、尾から頭に向かってもう一度切れ目を入れていく。

3 包丁でヒレを押さえて引き抜く。

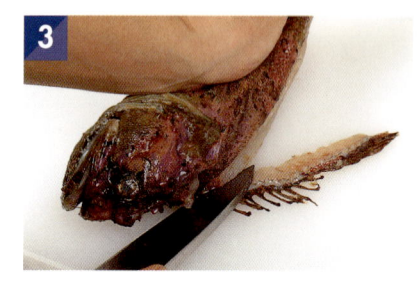

4 肛門まで包丁を入れ、腹を開く。

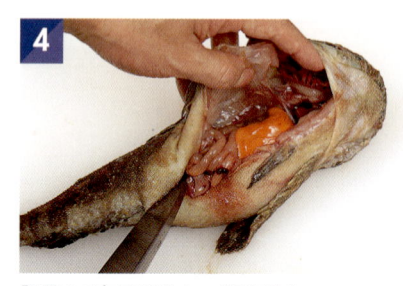

5 エラと内臓を一緒に引きずり出し、水洗いする。

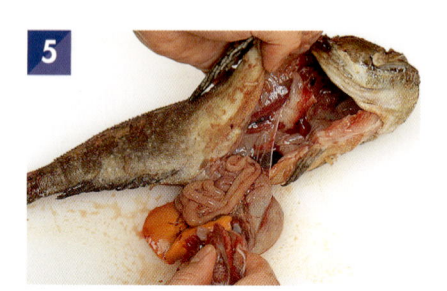

6 頭を落とす。カマ下に包丁をまっすぐ入れて、骨ごと切り落とす。

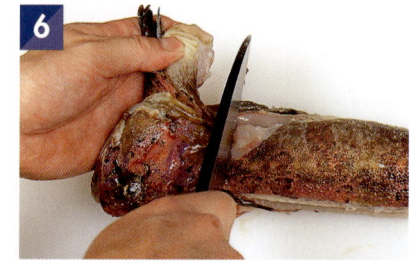

7 カマの部分を切り離す。

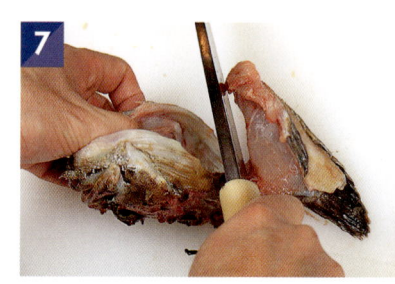

8 カマについたヒレを切り揃える。

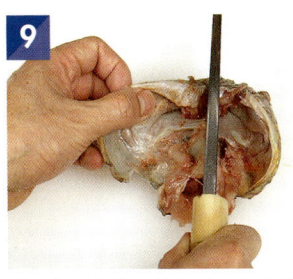

頭に包丁を縦に入れて、左右半分に切り分ける。

頭を半分に切り分けた状態。頭は旨いだしが取れるので、捨てずにとっておく。

頭のほうから包丁を入れて、骨に沿って尾まで切り開いていく。

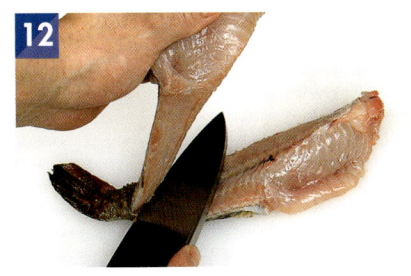

身を中骨からいっきに切り離す。

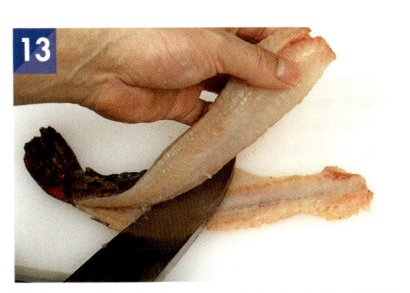

裏返して腹に包丁を入れて尾まで切り開き、身と中骨を切り離す。

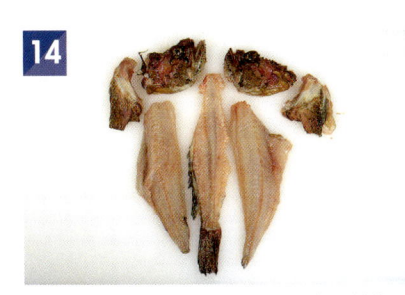

大名おろしの完成。弾力のある身が特徴。

吸い物
旨み、風味、歯ごたえを
贅沢にお椀で楽しむ

材料（4人前）

オコゼ ………… 1尾
塩 …………… 適宜
白髪ねぎ …… 適宜
水 ………… 5カップ
酒 ………… 大さじ2
昆布 ……… 10cm
塩 …………… 適宜
薄口しょうゆ‥ 適宜
黒コショウ‥ 大さじ2

作り方

1　さばいたオコゼを食べやすい大きさに切り、薄く塩を振りかけ、30分ほど置く。オコゼを湯通しし、冷水に移す。
2　白髪ねぎは芯の部分を取り除き、細かい千切りにして、布巾に包んで水にさらす。
3　鍋にオコゼと水、酒、昆布を加えて火にかけ、だし汁を作る。
4　鍋が沸騰してきたらアクを丁寧に取り除き、弱火で5分間煮る。
5　だし汁を布巾でこす。
6　こしただし汁を鍋で沸かし、塩と薄口しょうゆで味を調える。
7　器にオコゼを盛り、味を調えた汁を張る。白髪ねぎを添えて黒コショウを散らす。

姿揚げ
頭をつけたまま揚げ
迫力のある料理が完成

材料（1人前）

オコゼ ………… 1尾
片栗粉 ……… 適宜
揚げ油 ……… 適宜
ししとう ……… 2本
塩 …………… 少々

作り方

1　オコゼを背開きにし、片栗粉をつけて、170度の揚げ油で揚げる。最初に頭だけ油の中に入れる。
2　ししとうは素揚げにして、塩を少々振る。
3　器にオコゼのから揚げを盛り、ししとうを添えて出来上がり。

カツオ 【鰹】

日本各地で取れるメジャーな魚。カツオ漁が盛んな地域では、さまざまな郷土料理がある。タタキにすると美味。

魚のツボ

分類／スズキ目、サバ科、カツオ属

分布／北海道南部の太平洋側、世界の温暖海域など

生態／スナムラと呼ばれる大群で回遊するカツオ。成長するにしたがってイワシなど小魚を捕食する。1m以上の巨大カツオが捕れたという事例もある。

調理のポイント

タタキにして、しょうがやねぎなどと一緒に食べることが多く、汁物などの調理法にも向いている。鮮度が落ちるのが早いので、刺身にするときは十分に注意する。

三枚おろし

1 尾から頭に向かって包丁でウロコをそいでいく。裏側も同様にしてウロコをそぐ。

2 背の部分のウロコをそぐ。カツオを起こして尾から頭に向かって包丁でそいでいく。

3 頭を落とすために、カマ下に斜めから包丁を入れる。裏側からも同じようにして切り込む。

4 カマ下に切れ目が入ったら、そのまま中骨を切る。

5 頭の切れ目に包丁を入れ、腹に向けて切れ目を入れる。

6 頭を持って引っ張りながら、頭と内臓を一緒に引き取る。

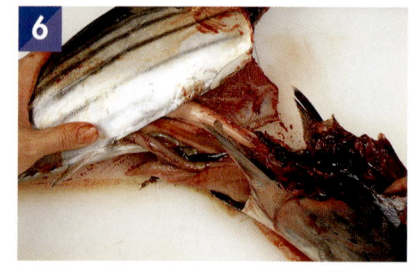

7 内部に残っている血合いは、包丁の刃先で取り除き、水洗いして汚れを落とす。

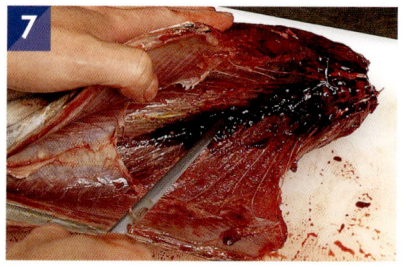

8 背ビレを上にして、背ビレに包丁で切り込みを入れる。

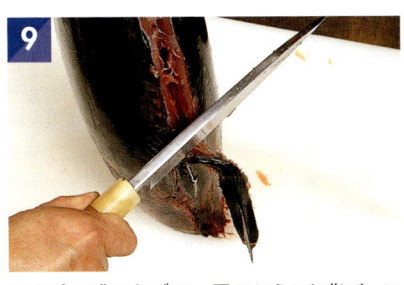

9 尾を手で盛り上げて、尾のほうから背ビレに包丁を入れ、ヒレを切り落としていく。

10 水洗いし、中骨に沿って腹から尾まで切り進める。

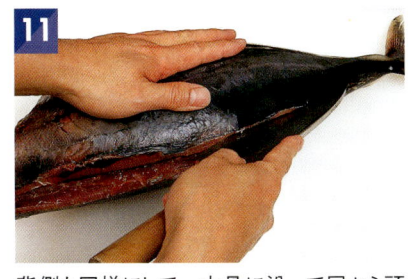

11 背側も同様にして、中骨に沿って尾から頭に向かって切り進める。

12 身と中骨を切り離すため、尾の部分に返し包丁を入れる。

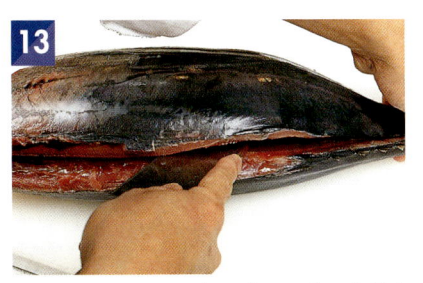

13 尾から中骨に沿って切り進め、身と中骨を切り離す。

14 二枚におろした状態。

15 腹側から中骨の下に包丁を入れて、中骨に沿って包丁を入れる。

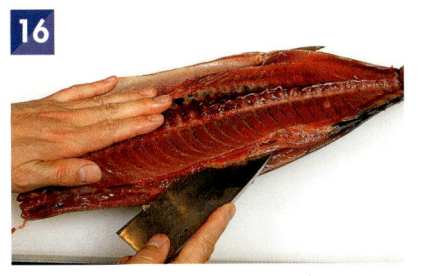

16 背側も同様にして、中骨の下に切れ目を入れる。

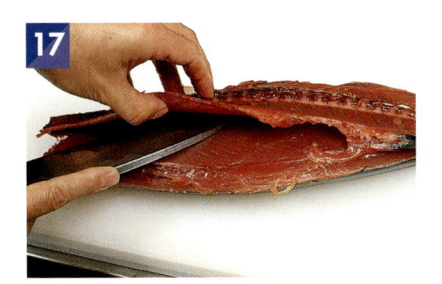

17 軟らかい身を崩さないように、いっきに身と中骨を切り離す。

18 三枚おろしの完了。この後、身に残っている血合い骨を切り取って、背と腹に切り分けると刺身用に使える。

◆ 魚さばきの用語集 ◆

【笹作り】
サヨリ、キスなどの身の細かい魚に用いる刺身の作り方。身に対して斜めに包丁を当て、そぎ切りにする。

【すき引き】
ヒラメやカレイ、ブリなどのウロコが薄い魚のウロコの取り方。ウロコと皮の間に包丁を入れ、すき取る。

【切り身】
サク取りした身を適当な大きさに切ったもの。

【サク取り】
三枚におろした魚を背身、腹身に切り分け、血合い小骨を取りのぞいて形を整えること。「木取り」ともいう。

【血合い】
正式には血合い肉。背身と腹身の間の暗赤色をした部分。臭いがあるので取りのぞかれることが多い。

【尾ビレ】
体の最も後方にあるヒレ。

さく取り

1 切り離しやすいように、まず腹骨に返し包丁を入れる。

2 包丁を斜めに入れて、腹骨をすくうようにして切り取る。

3 血合い骨を腹側につけて真ん中から半分に切る。

4 血合い骨を取る。腹側についている血合い骨に包丁を入れて切り取る。

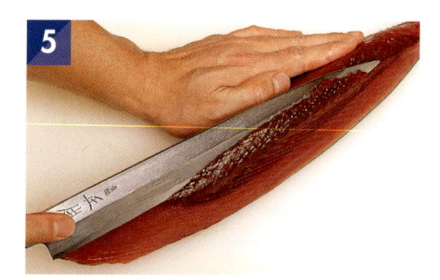
5 血合い部分に包丁を入れて斜めに切る。

6 そのまま包丁を下ろし、身に沿うようにして血合いを切り取る。血合いは料理に使える。

◆ 魚さばきの用語集 ◆

【隠し包丁】
火の通りをよくし、味の染み込みを早めるのが目的で、盛りつけるときに裏になる側に切り込みを入れること。

カツオのタタキ 〜サラダ風〜

脂ののった濃厚な旨みをサラダ風にアレンジ

材料（4人前）

カツオ	適宜	あさつき	適宜
野菜		きゅうり	適宜
レタス	適宜	みょうが	適宜
玉ねぎ	適宜	カイワレ	適宜
にんじん	適宜	ラディッシュ	適宜
		ポン酢しょうゆ	適宜

作り方

1 カツオは三枚におろし、焼き霜作りにして、器に盛る。
2 カツオの上にせん切りした野菜をのせる。
3 市販のポン酢しょうゆをかけて出来上がり。

焼き霜作りにする

1 さく取りにしたカツオに、端から串を末広がりに打っていく。

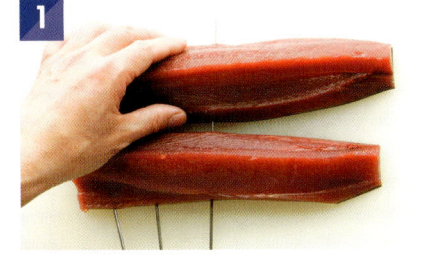

2 皮目と身に薄く塩を振る。

3 皮目を焼く。焼き色がついたら裏返して身を軽くあぶる。

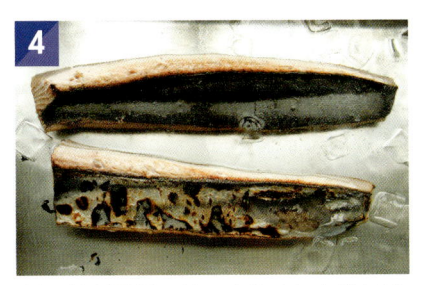

4 あらかじめ用意しておいた氷水にすばやく入れて身を締める。

5 身を締めたら、水っぽくならないようにキッチンペーパーで水気を取る。

6 右端から柳包丁でいっきに引き切りにする。角かつぶれないように注意する。

◆ 魚さばきの用語集 ◆

【角作り（かくづくり）】
サク取りした身を立方体に切る刺身の引き方。小さく切ったものは、さいの目切りとも呼ぶ。

焼き霜作りと銀皮作りの二種盛り

身を引き締めて
旨みを凝縮させた一皿

材料

カツオ	適宜	大葉	4枚
みょうが	2本	花穂	適宜
しょうが	30g		

作り方

1 焼き霜作りと刺身（銀皮作り）にしたカツオを皿に盛る。
2 みょうが、しょうが、大葉、花穂をあしらい完成。

カマス【魳】

秋の訪れを告げる魚の一種。歯が鋭くサメにも恐れられている。水っぽいので干物にすると旨味が増す。

魚のツボ

分類／スズキ目、カマス科、カマス属

分布／本州中部より南の海域、台湾、インド洋など

生態／鋭い犬歯状の刃で、イワシやイカ類を捕食するというワイルドな一面を持つ。アカカマスとヤマトカマスの2種類があり、市場に出回る時期が異なる。

調理のポイント

水っぽいといわれるが、塩で締めることによって味も損なわれない。細身の魚なので、わたを取るときに口から割り箸をはさんで処理するという方法もある。

大名おろし

1 包丁でウロコを落とす。体を傷つけないように丁寧にウロコを取っていく。

2 カマ下から斜めに包丁を入れて、頭をたすきに落とす。

3 腹に包丁を入れて、肛門まで切り進める。

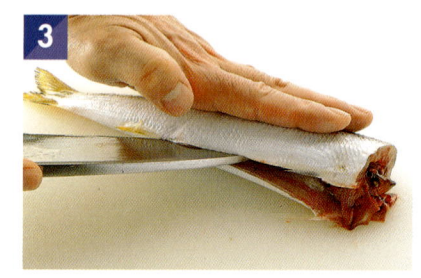

4 腹を開いたら内臓を取り出し、水できれいに洗う。

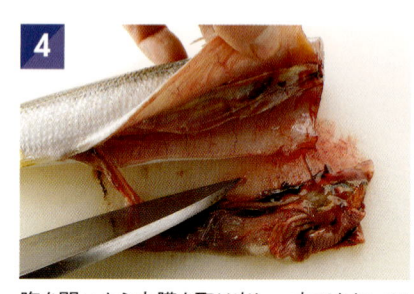

5 中骨の上から包丁を入れ、頭から尾までいっきに切り進める。これで二枚におろしたことになる。

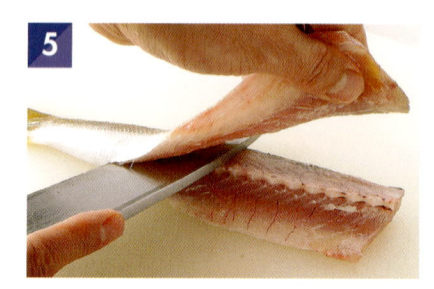

6 中骨を下に向け、中骨と身の間に包丁を入れて、いっきに切り進める。

7 大名おろしで三枚におろした状態。

背開き（一夜干し）

1
ウロコを取りって水洗いした後、背の部分に包丁を入れる。

2
中骨に沿うようにして、尾まで切り進める。その後、内臓を引き出してきれいに水洗いする。

3
背開きになった状態。

1
一夜干しにするために4〜5%濃度の塩水に漬け込む。

柚庵焼き（ゆうあん）
ほのかに広がる柚の香りとよく染み込んだ身を堪能する

材料（4人前）

カマス	4尾
柚庵地	
酒	100ml
みりん	100ml
濃口しょうゆ	100ml
柚子	1/2個
小かぶ	4個
甘酢	適宜
たかの爪	適宜

作り方

1 カマスは三枚におろし、腹骨と血合い骨を取り除き、柚庵地に10分ほど漬ける。
2 漬け込んだカマスを丸めて串に刺し、包丁で切れ込みを入れる。
3 焼く途中に漬け込み汁を2〜3回かけながら焼き上げる。
4 小かぶは皮をむき、鹿の子に包丁入れ、塩水に漬ける。しんなりしたら水洗いして水気を搾り、甘酢に漬ける。
5 器にカマスを盛り、輪切りにしたたかの爪をのせた菊花かぶを添える。

一夜干し
塩漬けにして干したカマス　これを肴にお酒も進む

材料（1人前）

カマス	1尾
すだち	1/2個
谷中しょうが	1本

作り方

1 カマスは水洗いして、頭を切り離さずに背開きにする。
2 内臓をきれいに取り除き、4〜5%濃度の塩水（分量外）に約30分漬ける。
3 天日干しにし、魚焼き器で焼き上げる。
4 器に盛り、すだち、谷中しょうがを添えて出来上がり。

カレイ【鰈】

日本の食卓に馴染み深い魚であるカレイ。
淡白な味わいでさまざまな料理に合う。

魚のツボ

分類／カレイ目、カレイ科
分布／日本各地
生態／カレイは日本産だけで38種。種類によって分布や生息水深、生態なども異なる。例えば、一般にカレイの眼は右側にあるが、ヌマガレイはヒラメと同様左側にある。

調理のポイント

煮つけ、から揚げが多い。刺身なら薄作りで。背が黒く、つや・張りがあり、エラが鮮やかな赤色のものが新鮮。また、身が厚くてぬめりがあるものがおいしい。

五枚おろし

1 尾から頭に向かって出刃包丁を滑らせながらウロコを取る。

2 裏返して、腹側も同じように包丁でウロコを取る。

3 腹ビレの下に包丁の刃先を入れて切れ目を入れる。

4 包丁で内臓をかき出して取る。

5 五枚におろすために切れ目を入れていく。まずカマ下に入れる。

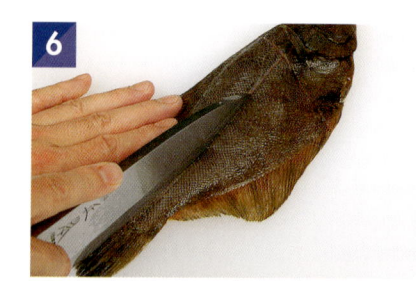

6 次に背側の真ん中に切れ目を入れる。

7 身と中骨を切り離すため、尾の部分にも切れ目を入れる。

8 切れ目に包丁を入れて、中骨に沿って切り開いていく。

反対側も同じように中骨に沿って切り開いていく。

尾まで切り開き、身と中骨を切り離す。

裏返して腹側も同様に切れ目を入れる。

中骨に沿って包丁で、身を切り開いていく。

包丁を中骨に沿って入れて、身を中骨から切り離す。

五枚おろし完成。骨と、上・下半身それぞれ二枚ずつ、合計五枚。

から揚げ

切り身にして揚げれば淡白なカレイが味わい深く

材料

カレイ	1尾	もみじおろし	適宜
小麦粉	適宜	天つゆ	
酒、濃口しょうゆ		だし汁	適宜
	各大さじ1	濃口しょうゆ	適宜
片栗粉	適宜	みりん	適宜
そうめん	適宜	カツオ節	適宜
ししとう	2本		
レモン	1/6個		

作り方

1 カレイは五枚におろし、中骨の部分は竹串を打って台座を作り、薄く小麦粉をつけて揚げる。

2 身は食べやすい大きさに切って、酒と濃口しょうゆで下味をつけておき、片栗粉をまぶしてきつね色に揚げる。

3 姿に揚げた中骨を皿におき、身をバランスよく盛る。揚げそうめん、ししとう、レモン、もみじおろしをあしらう。天つゆにつけていただく。

台座を作る

中骨部分に竹串を打って、揚げたときに形が崩れるのを防ぐ。

カワハギ 【皮剝】

ザラザラとした分厚い皮で覆われているカワハギ。晩秋から冬にかけて肝臓が大きくなり食味がよくなるので、寒い時期に人気がある。

魚のツボ

分類／フグ目、カワハギ科、カワハギ属
分布／本州中部以南、東シナ海など
生態／平たいカワハギの体表面は、ざらざらとしたヤスリのような皮で覆われている。口から水を強く吐き、海底の砂を飛ばして捕食するという変わった習性を持っている。

調理のポイント

刺身はもちろん旨いが、特に人気なのが絶品の珍味として名高い「肝」。生臭さを消すために湯通しする。湯通ししたものはそのまま食べたり、刺身と和わせたりする。

三枚おろし

1 まずは、背ビレと腹ビレを切り落とす。

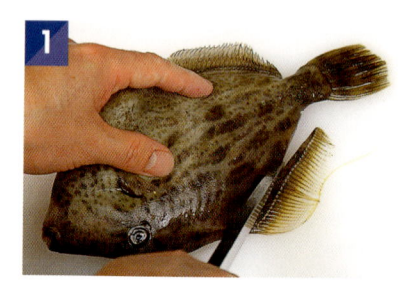

2 くちばしは縦に包丁を入れて、いっきに切り落とす。

3 腹の下についている骨を切り取る。

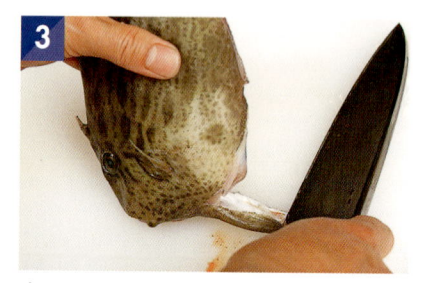

4 頭にあるとげの後ろを包丁でまっすぐ切り入れる。

5 頭を身から引っ張るようにして切り取る。

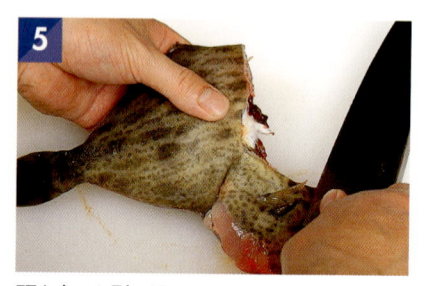

6 貴重な肝は傷つけないように、包丁で丁寧に取り出す。

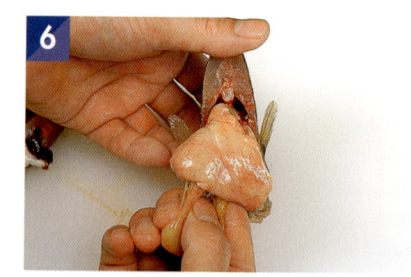

7 体の皮は切り口から引っ張りながら剥いでいく。同様にして、頭についた皮も剥ぐ。

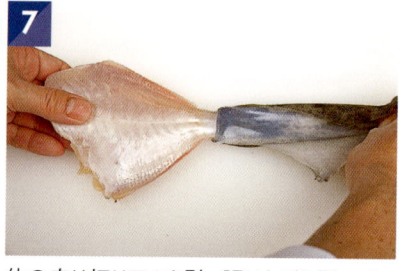

8 腹に包丁を入れて、尾まで切り進める。

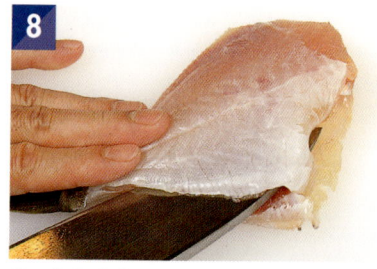

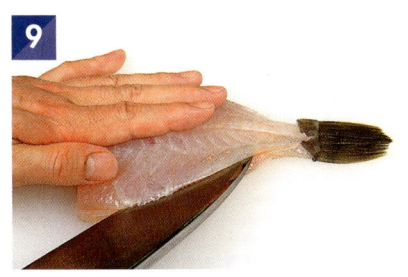

背側も同じようにして切り進める。

身と中骨を切り離すため、尾の部分に返し包丁を入れる。

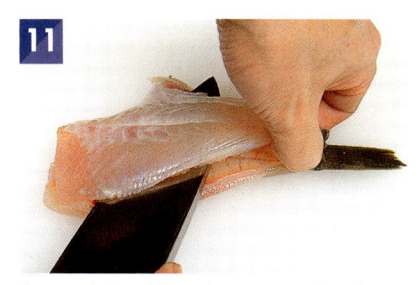

包丁を中骨に沿って切り入れ、身と中骨をいっきに切り離す。

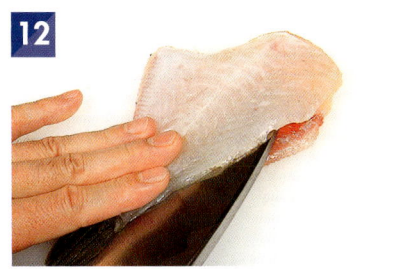

裏側も同じようにして、背と腹に切れ目を入れていく。

返し包丁で尾を切り、身と骨をいっきに切り離す。

三枚おろしの完成。腹骨と薄皮も丁寧に取り除く。

肝和え

珍味の肝を酒の肴に
優雅な夜の一杯がすすむ

材料（2人前）

カワハギ ……………… 2尾
肝 …………………… 2尾分
濃口しょうゆ ………… 大さじ1
みりん ……………… 小さじ1
あさつき ……………… 適宜

作り方

1 肝は10分蒸して、濃口しょうゆ、みりんでのばしておく。

2 糸作り（P136参照）にしたカワハギを**1**と和え、小口切りにしたあさつきを加えて混ぜ合わせる。

3 **2**を器に盛り出来上がり。

◆ 魚さばきの用語集 ◆

【内引き】
刺身を作る際の皮の引き方。皮目を下にして、左手で身を押さえ、包丁を右端から左に動かす。

【飾り包丁】
魚の皮の上から、包丁の切り込みを入れること。飾りの意味だけでなく、火の通りもよくなる。

【あしらい】
器に盛った料理をより一層引き立てるために盛る、添えもののこと。

キス【鱚】

海の女王とも呼ばれる、薄くピンクがかかった美しい魚。
癖がなく上品な味わいで刺し身、天麩羅、塩焼きに向く。

魚のツボ

分類／スズキ目、キス科、キス属
分布／ほぼ日本全土沿岸
生態／正確にはシロギスのことを指す。岸辺や内湾の砂泥底に住み、外洋へは出て行かない。体は細長く、口は長く尖っている。全長 20 〜 30cm。腹部のきれいな銀白色が特徴。

調理のポイント

ウロコを取り、身を壊さないように松葉おろしにする。味は淡白で上品。クセがないので、刺身、天麩羅、塩焼きなどに向く。選ぶ際は、目が澄んできれいなことが条件。

背開き

1 ウロコを取る。尾から頭に向かって包丁でこそげ取る。

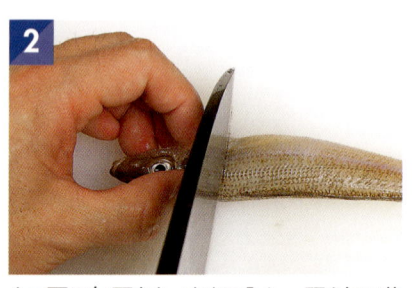

2 カマ下に包丁をまっすぐに入れ、頭を切り落とす。

3 切り口から包丁で内臓をかき出す。

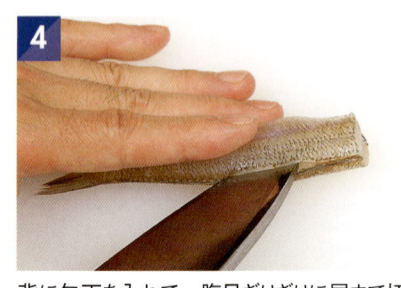

4 背に包丁を入れて、腹目ぎりぎりに尾まで切れ目を入れていく。

5 包丁を腹目ぎりぎりまで入れて身を切り開いていく。

6 開いたほうを下にして、中骨と身の間に包丁を入れる。

7 尾まで包丁を入れて身と中骨を切り離す。最後は包丁を立てて中骨を切る。

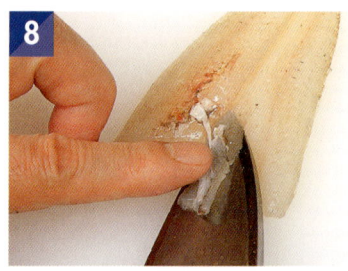

8 腹骨に包丁を斜めに入れ、すくようにして切り取る。

松葉おろし

頭側から包丁を入れて尾まで切り開いていく。

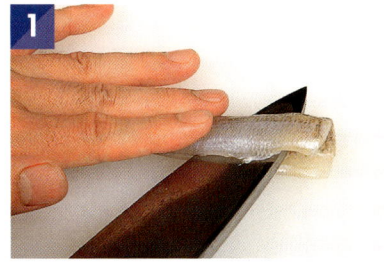

尾の部分ぎりぎりまで切り開く。三枚におろさず、中骨だけを切り離す。

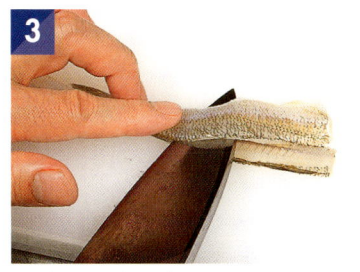

反対側も同様に包丁を入れて、尾まで切り開く。

身を中身から切り離し、中骨だけを切り取る。

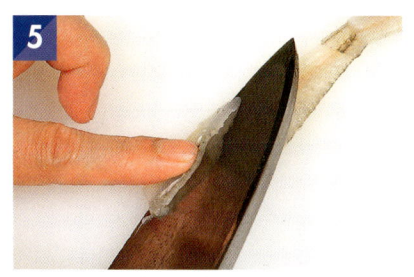

腹骨を取る。包丁を斜めに入れてすくようにして取る。

松葉おろし完了。キス特有のおろし方で身を切り離さないのが特徴。

◆ 魚さばきの用語集 ◆

【松葉おろし】
メゴチ、キスなどの小魚をおろすときの手法。頭と中骨を外し、尾は身に残しておく。

天麩羅　何もつけずに食べられるクセのない上品な味

材料

キス	適宜
小麦粉	適宜
天麩羅衣	適宜
揚げ油	適宜
ししとう	適宜

作り方

1 キスは背開きにおろし、小麦粉をまぶして天麩羅衣をつけて、180度の油で揚げる。

2 ししとうは、薄く天麩羅をつけて揚げる。

3 皿にキスを盛り、ししとうをあしらう。

さばいた魚の西洋・中華料理レシピ　▶ P.153

キチジ 【喜知次】

キンキとも呼ばれるキチジは塩焼きや煮つけにすると
絶品に。さばくときはトゲやヒレに注意して。

魚のツボ

分類／カサゴ亜目キチジ科キチジ属
分布／駿河湾以北の太平洋側
生態／産卵期は2月から5月。水深
150～1200mの深海で、斜面に
なった岩礁帯を好み、甲殻類やイカ
などを捕食している。大きさは40cm
程になり、体形はメバルに近い感じ
で、体全体が美しい赤色であること、
目が大きいことが特徴。

調理のポイント

内臓を取り、きれいに中を洗っておく。
煮つけ、塩焼き、開きの一夜干しは
絶品。店で買うときは目が鮮やかで
澄んでいるものを選ぶ。落ち窪んで
いるものは活きが悪い。

煮つけの下処理

1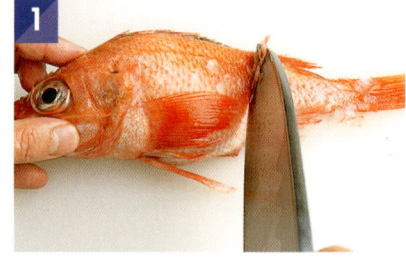

尾から頭のほうに向かつて出刃包丁でウロ
コをこそげ取る。

2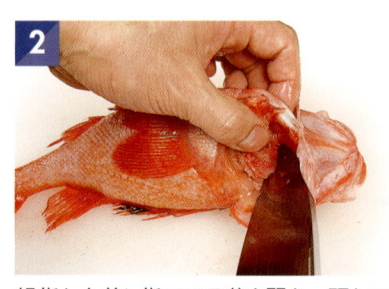

親指と人差し指でエラ蓋を開き、頭とアゴ
下のエラのつけ根の部分を切る。

3

包丁にエラを引っ掛けて、かき出すようにし
て切り取る。

4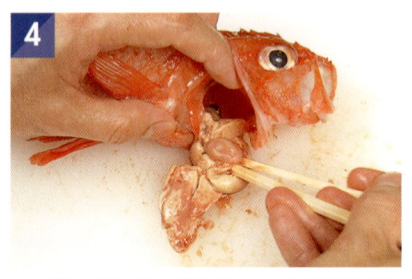

エラ蓋の下に割り箸を入れて内臓を取り出
す。

5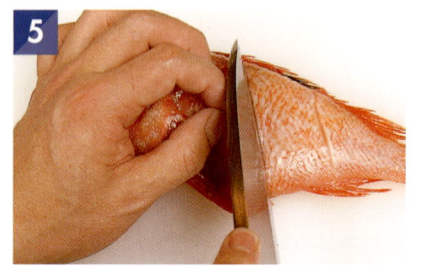

飾り包丁を入れる。表になる側の表面に2
本の切れ目を入れる。

煮つけ　見た目から豪華な通を唸らす希少な姿煮

材料 （1人前）

キチジ	1尾	濃口しょうゆ	60ml
合わせだし		砂糖	大さじ2
水	180ml	水菜	適宜
酒	180ml	針しょうが	適宜
みりん	60ml		

作り方

1 下処理したキチジを鍋に並べ
て、煮魚用の合わせだしをひ
たひたに張り、15分ほど煮る。

2 煮上がったら器にキチジを盛
り、水菜、針しょうがを添える。

メバル 【眼張】

春を告げる魚の代表格のメバル。飾り包丁に煮汁が染み込んだ定番の煮つけが格別。

魚のツボ

分類／カサゴ亜目メバル科メバル属

分布／日本各地

生態／大きさは 20 〜 30cm ほど。北海道南部から九州、朝鮮半島南部に到る海域に広く分布し、海岸近くの海藻が多い岩礁域に群れをなして生息。貝類や甲殻類、小魚などを捕食する。

調理のポイント

臭みをとるために軽く湯通しをする。姿煮、から揚げ、塩焼きなど魚体をそのまま利用する調理法が多い。目が黒く澄んでいるもの、腹が締まっていて鮮やかなものが新鮮。

下処理

1 包丁で丁寧にウロコを取る。

2 エラぶたを開き、アゴとエラを切り離す。その後、包丁でエラをかき出す。

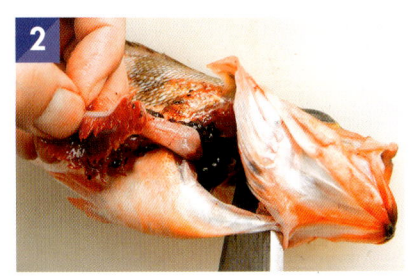

3 頭を右におき、腹のやや中骨よりに切り込みを入れる。内臓を切らないよう注意する。

4 切り込みに包丁を入れて内臓をかき出し、きれいに水洗いする。

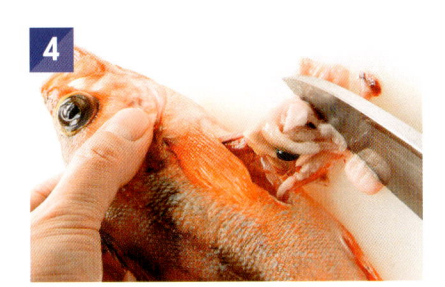

5 飾り包丁を入れる。飾り包丁を入れることによって中まで火が通りやすくなる。

煮つけ　ほどよく煮つけ素材本来の旨みを残す

材料

メバル	2尾	酒	180ml
フキ	適宜	みりん	60ml
合わせだし		濃口しょうゆ	60ml
｜水	180ml	砂糖	大さじ2

作り方

1 フキは5cm程度に切り、厚めのせん切りにしておく。鍋に水、酒、みりん、濃口しょうゆ、砂糖を入れて沸騰させる。鍋にメバルとフキを入れる。

2 落とし蓋をして照りがでるまでじっくり煮る。

さばいた魚の西洋・中華料理レシピ　▶ P.159

クロダイ 【黒鯛】

淡白な白身で刺身や塩焼き、煮つけなど和風料理にぴったり。
ムニエルやアクアパッツァなど洋風料理にも合う。

三枚おろし

1 尾から頭に向かって出刃包丁を滑らすように動かし、ウロコを取っていく。

2 胸ビレの位置に包丁を立てて切り込む。裏返しにして、同様に切り込みを入れる。

3 カマ下に向かって包丁をたすきに入れて、頭を落とす。

4 腹を開き、血のかたまりや内臓を包丁でかき出す。

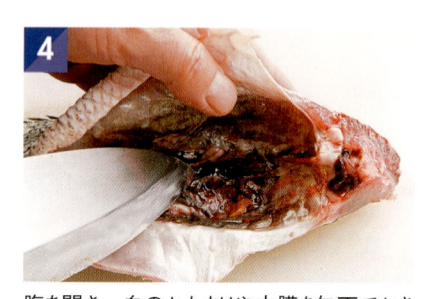

5 腹側から切り込みを入れて、片側をおろしていく。

6 尾ビレを左に、腹を手前におき、中骨に沿って包丁で切り開いていく。

7 包丁を滑らすようにして動かし、尾まで包丁を入れる。

8 背側も同様に尾に向かって切り込みを入れる。

9

包丁を滑らすようにして切り進め、中央まで包丁を入れる。

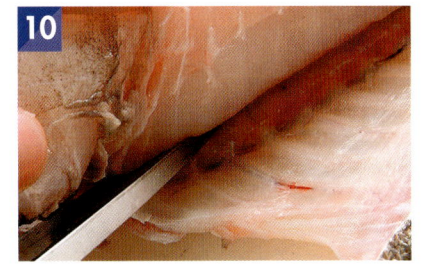

10

包丁を持ち上げ、刃先を使って削ぎ取るように、身についている血合い骨を引き離す。

11

骨と身を切り離した三枚おろしの完了。

からし焼き
あっさりとした味つけで
素材の味を存分に堪能する

材料（2人前）

クロダイ（40g）	4切れ	からしじょうゆ	
塩	適宜	粒からし	20g
酢取りみょうが	1個	卵黄	1個
		濃口しょうゆ	大さじ2

作り方

1　クロダイは水洗いして三枚におろし、40gほどの切り身にする。
2　串を打ち、薄く塩をあてて焼く。
3　からしじょうゆ（をハケで塗りながら焼き上げる。
4　器に盛り、酢取りみょうがを添える。

茶漬け
煎茶をかけてタイとごまの風味を
楽しみながら贅沢にいただく

材料（4人前）

クロダイ	200g	ごまだれ	
ご飯	600g	練りごま	60g
わさび	適宜	たまりじょうゆ	50ml
切りのり	適宜	酒	25ml
煎茶	適宜	みりん	25ml
		濃口しょうゆ	25ml

作り方

1　クロダイは水洗いして三枚におろし、サク取りにして皮を引く。
2　クロダイをそぎ切りにしてごまだれを絡める。
3　茶碗にご飯を盛り、白ごま大さじ1を散らす。
4　3の上に2をのせ、わさび、切りのりを添えて、食べる直前に煎茶をかける。

コハダ 【小肌】

出世魚として知られ江戸前寿司に欠かせないコハダ。
酢でさっぱりと締めるのがおすすめ。

魚のツボ

分類／ニシン目、ニシン科、コノシロ属
分布／松島湾、佐渡以南
生態／コハダの大きさは 7-10cm だが、それより小さいとシンコ、大きいとナカヅミコハダ、さらに成長するとコノシロと呼ばれる。暗くなると海藻の繁茂する浅場に寄り、身を隠す。

調理のポイント

身がやわらかいコハダは、酢で締めるとさっぱりとして旨い。ほどよい酢の味つけが病みつきになる。目が澄んでいて、濁っていないものが新鮮な証拠

大名おろし

1 ウロコを出刃包丁で取り、頭を落とす。

2 腹を三角に切り落とす。小骨の多い魚はこのさばき方が基本。

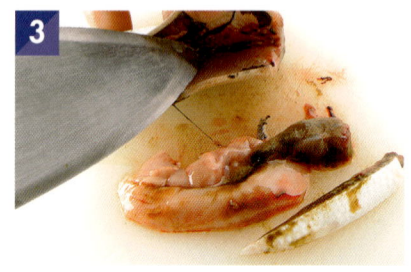

3 腹に包丁を入れ、内臓を取り出し、血合いを取って洗う。

4 頭の切り口から包丁を入れ、骨に沿っていっきにおろしていく。

5 二枚におろした状態。

6 身を裏返して、裏側も同様に尾まで切りおろす。

7 大名おろしの完成。コハダのように小さい魚は、大名おろしが基本。

5 包丁を斜めに入れて、腹骨をそぎ取る。

酢の物

酢で締めた江戸前料理
さっぱりとした味が抜群

材料 （4人前）

コハダ	4尾	酢	大さじ3
塩	適宜	薄口しょうゆ	大さじ3
酢	適宜	みりん	大さじ3
きゅうり	1本	ワカメ	30g
三杯酢		しょうが	20g

作り方

1 コハダは水洗いをして三枚におろし、薄塩をあてて15分間おく。
2 魚の表面の水気を拭き取り、酢に5分間漬ける。皮目に飾り包丁を入れる。
3 きゅうりは蛇腹切りにして塩水に漬ける。しんなりしてきたら水洗いをして塩気を抜き、三杯酢に漬ける。
4 ワカメは食べやすい大きさに切り、三杯酢で洗う。しょうがは針しょうがにする。
5 器にコハダ、きゅうり、ワカメを盛り、三杯酢をかけて、天盛りに針しょうがを添える。

うんちく

古くは嫌われ者のコハダ

寿司ネタとして定番のコハダ。出世魚で別名をコノシロという。一般的に、名前の由来は言い伝えから来ていると考えられている。かつて一人娘が国司に無理やり嫁がれそうになった。娘の親は、娘は死んだと偽り、娘の亡骸が入っているという棺に魚を焼いて詰めて難を逃れた。この棺に詰め込まれた魚が実はコノシロであった。また、コノシロが「この城を焼く」という文言を暗示するという理由から、武士が食べるのを嫌ったとも言われている。現代では愛されるコハダも、かつては嫌われ者だったのだ。

出生に奮闘するコハダ

コハダは実は出世魚である。孵化したあと、5cm程度まで成長した幼魚をシンコと言う。さっぱりとした味は通好みで10～20匹をあっという間に平らげてしまうほどおいしい。コハダは、シンコが7～10cmの大きさまで成長した若魚のことを言う。脂がよくのり、食べごろになっている。コハダが出世すると、ナカズミコハダと言い、体長は12cm以上になる。さらに15cm以上でコノシロと呼ばれるまで出世する。しかし、面白いことに、このコハダという魚は若い時が1番値打ちがある魚なのである。

サゴチ【狭腰】

サワラの若魚で出世魚としても知られる。
淡白ながらふわっとした甘みがある。

魚のツボ

分類／サバ亜目サバ科サワラ属
分布／北海道南部～九州南岸の日本海・東シナ海・太平洋沿岸
生態／関東では約50cmまでのものをサゴチ、それ以上のものをサワラと呼ぶ。春から秋にかけて沿岸の表層を群れで遊泳し、冬には深場に移ることが多い。おもにカタクチイワシやイカナゴ等の小魚を捕食する。

調理のポイント

身がやわらかくもろいので扱いには注意が必要。また水分が多くにおいも出やすいので早めに調理する。身があっさりしているので、煮つけ、塩焼きのほか、ムニエル、ホイル焼き、フライなど、いろいろな調理法が楽しめる。

三枚おろし

1

包丁でウロコを取る。

2

包丁をまっすぐにして、頭を落とす。

3

腹から包丁を入れ、腹を切り開く。そして腹の中から内臓を取り出す。

4
包丁で血合いをひっかくようにして取り、水洗いする。

5
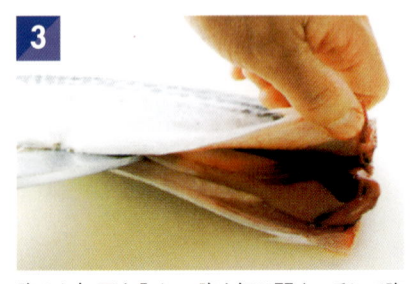
腹ビレの上から包丁を入れて、尾まで切り目を入れる。

6

包丁を背ビレの上から入れて、頭に向かって切れ目を入れる。

7
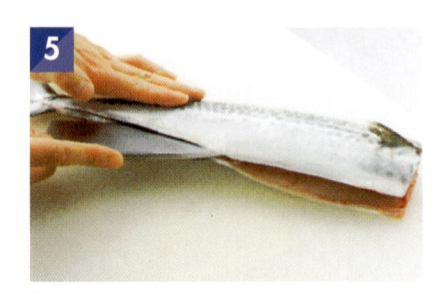
身と中骨を切り離すため、尾の方に包丁を入れてから、頭の方に向けて包丁を入れる。

8

二枚におろした状態。さごちのような身のやわらかい魚は慎重にさばく。

9

身を下にして中骨の下に包丁を入れ、中骨を切り離していく。

10

三枚おろし完成。

切り身にする

11

返し包丁で腹骨に切り目を入れてから、腹骨を切り取る。

12

血合いを抜く。指で骨の位置を確認し、骨抜きで抜く。

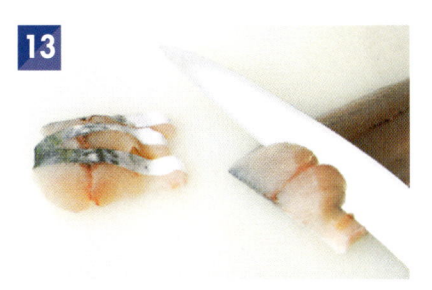

13

切り身にする。包丁を斜めに入れて手前に引くような感じで切っていく。

◆ 魚さばきの**用語集** ◆

【湯洗い】
60℃くらいの湯に通した後、冷水に入れて身を締めること。魚脂を適度に抜く効果がある。

はさみ焼き

やわらかなサゴチと竹の子の
サクサクした食感を愉しむ

材料（4人前）

サゴチ	300g	濃口しょうゆ	100ml
竹の子	150g	練りごま	大さじ4
みりん	100ml	谷中しょうがの甘酢漬け	
			4本

作り方

1 サゴチは水洗いして三枚におろし、そぎ切りにする。
2 竹の子は薄切りにする。
3 練りごまを濃口しょうゆ、みりんで伸ばす。
4 1、2を3に20分ほど漬け込む。
5 サゴチと竹の子を交互に重ね、はさみ串を写真のように打ち、そして焼き上げる。
6 谷中しょうがは薄く皮をむき、お湯をくぐらせて甘酢に漬け込む。
7 器にはさみ焼きを盛り、はじかみ（谷中しょうがの甘酢漬け）を添える。

サバ【鯖】

食卓でおなじみの青魚。煮たり、焼いたり、
酢で締めたりと、多彩な料理を楽しむことができる。

魚のツボ

分類／スズキ目、サバ科、サバ属

分布／日本周辺の海域全体、北大西洋、インド洋

生態／海表面の付近から水深200mの海底まで広く回遊するサバ。一般的なマサバのほかに、腹部に黒い斑点のあるゴマサバという2種類のサバが存在する。

調理のポイント

腹骨を丁寧に取りのぞき、手早く処理する。サバ特有の臭いを消すには、しょうがを用いるとよい。煮たり、焼いたり、酢で締めたりと多彩な調理方法がある。

三枚おろし

1 ウロコを取る。尾の方から頭に向かって包丁でウロコをこそげ取る。

2 両側からカマ下に包丁をたすきに入れて頭を落とす。

3 腹に包丁を入れて肛門まで切れ目を入れて内蔵を取り出す。

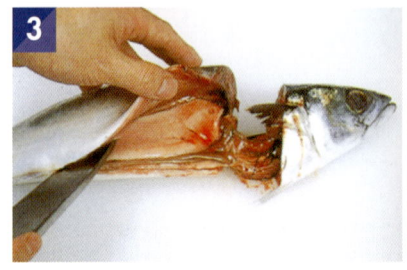

4 血合いは包丁の刃先で取り、きれいにする。水洗いして汚れを落とす。

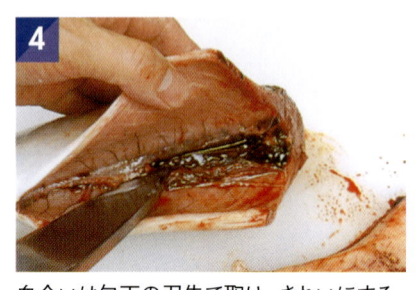

5 腹ビレの上に包丁を入れて尾まで切り目を入れる。

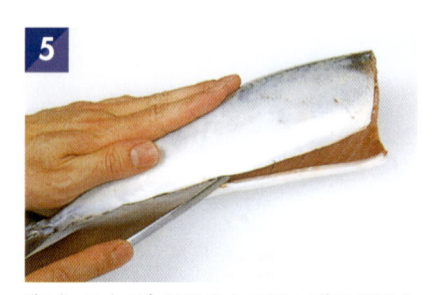

6 背ビレの上に包丁を入れて頭に向かって切り目を入れる。

7 身と中骨を切り離すため、尾の方に包丁を入れて返し包丁を入れる。

8 包丁を頭の方に向けて身と中骨を一気に切り離す。

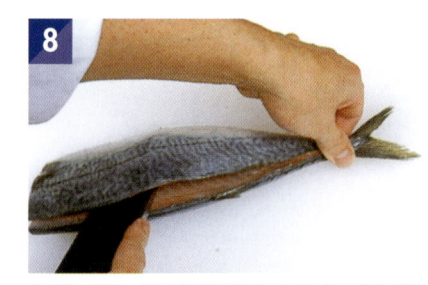

9

二枚におろした状態。切り身にする時は、このまま切り分ける。

10

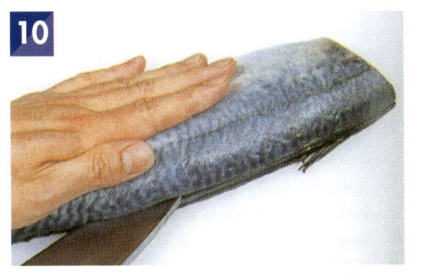

中骨のついている方を裏返して背に包丁を入れ、切り目を入れる。

11

腹に包丁を入れて尾の方から切り目を入れる。

12

尾の方に返し包丁を入れ、包丁を頭の方に向けて身と中骨を一気に切り離す。

13

三枚おろし完了。身が二枚と中骨を合わせて三枚におろした状態。

14

返し包丁を入れる。包丁を逆さにし、腹骨に切り目を入れる。

15

腹骨に包丁を斜めに入れ、ねかせてすくようにして切り取る。

◆ 魚さばきの用語集 ◆

【八重作り】
切り身の真ん中に切れ目を入れる刺身の引き方。カツオやサバに用いる。別名「きりかけ作り」

【博多作り】
材料の間にのりや青じそなどを挟む、刺身の作り方のひとつ。博多帯の柄のように切り口が縞目になる。

【引き作り】
刺身の切り方のひとつ。包丁をまっすぐ手前に引き、切り身を右に送らず次々と切っていく。

【波作り】
波目を作るようにそぎ切りしたもの。アワビやタコなどの身のかたいものに用いる。

【筒切り】
頭を落として内蔵を取りのぞいてから水洗いし、骨ごと輪切りにしたもの。胴の丸い魚に用いられる。

【立てづま】
せん切りの大根、きゅうり、にんじんなどを刺身に立てかけてあしらうつまのこと。

【ゼンゴ】
アジの体側にあるとげに似たウロコのこと。口当たりが悪いので、取りのぞく。ゼイゴともいう。

【そぎ作り】
刺身の切り方のひとつ。包丁を寝かせて左端からそぐように切る。切り身を大きく見せることができる。

【背開き】
魚を背から開くおろし方。頭を開かない方法と、頭も一緒に開く方法の2種類がある。

締めサバ

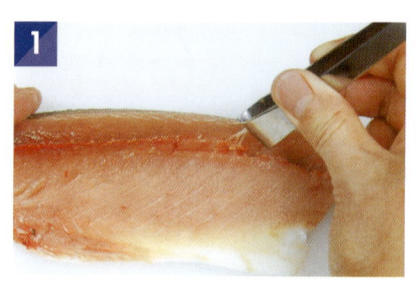

骨抜きする。指で骨の位置を確認し、骨抜きで抜く。

八重作りにする。皮を引き、一度包丁を浅く切れ目を入れ、切り離す。

◈ 魚さばきの用語集 ◈

【霜降り】
表面だけが白くなる程度に食材を加熱すること。熱湯や直火で焼いた後に冷水で締める。

【敷きづま】
刺身を盛りつける際、刺身の下に敷いたり、枕にするつまのこと。青じそやきゅうりなど。

【皮霜（かわしも）】
湯引きともいう。タイやスズキなど皮のかたい魚に熱湯をかけて皮をやわらかくする。

締めサバ
さっぱりとした締めサバ
暑い夏に食がすすむ一品

材料

サバ	適宜
塩	適宜
生酢	適宜
にんじん	適宜
みょうが	適宜
よりきゅうり	適宜
わさび	適宜
花穂	適宜

作り方

1 三枚におろしたサバに強塩をあて、2〜3時間おく。骨を抜いてさっと水洗いし、生酢に漬けて10分ほど締める。

2 サバは皮を引き、八重作りにして、皿に盛る。せん切りにしたにんじん、みょうが、よりきゅうり、わさび、花穂を添えて出来上がり。

二枚おろし

1 カマ下に包丁をまっすぐに入れて頭を落とす。

2 腹に切り目を入れて内蔵を取り出し、血合いを取って水洗いする。

3 中骨の上に包丁を入れ、頭の方から一気に切り離す。

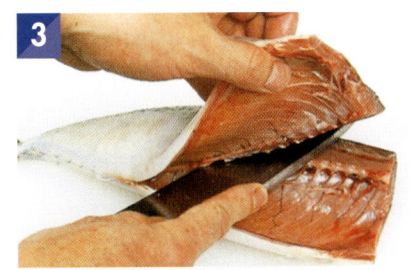

4 包丁をまっすぐに入れて身を切り分ける。

味噌煮

サバの旨みを味噌が引き立て
白いご飯がすすむ!

材料 （4人前）

サバ	4切れ
しょうが	適宜
菜の花	適宜
針しょうが	適宜
合わせ調味料	
水	150ml
酒	150ml
赤味噌	90g
砂糖	大さじ5

作り方

1 サバは切り身にして湯通しする。合わせ調味料を沸かした鍋に、サバの皮目を上にして入れ、煮る。

2 器にサバを盛り、茹でた菜の花、針しょうがを添えて出来上がり。

サンマ 【秋刀魚】

庶民的な魚として親しまれるサンマ。
脂の乗った身は焼くとよりジューシーに。

魚のツボ

分類／メダカ目、サンマ科、サンマ属

分布／北緯 25-55 度の北太平洋、日本海近海

生態／日本の食卓で親しまれているサンマ。細長くスマートな体形と、銀色の体表面が特徴的。夏から秋にかけて北から南へ移動し、冬から秋にかけて戻るように北へ移動する。

調理のポイント

塩焼きはもちろん、蒲焼き、煮物、フライにもにも適している。ほろ苦くコクのある内臓は独特の旨みがあるので、姿で調理する場合は内臓を取らない。

大名おろし

1 細かいウロコを出刃包丁をすべらせて取りのぞく。

2 包丁を立てて頭をたすきに落とす。

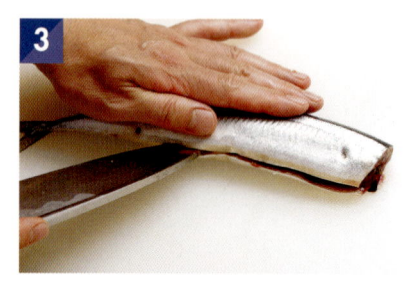

3 頭から尾に向けて腹を切り進める。

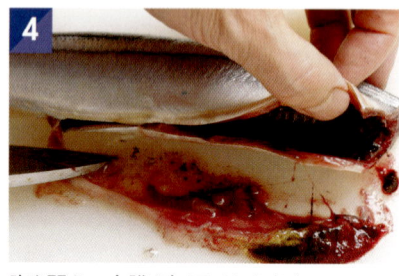

4 腹を開き、内臓を包丁でかき出す。

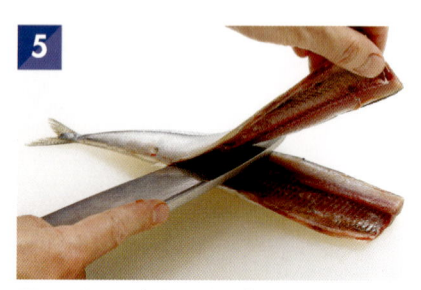

5 頭のほうから中骨の上に包丁を入れて、尾まで切り進める。

6 二枚におろした状態。

7 中骨のついた身から骨を切り離す。骨側を下にして、尾まで切り進める。

8 三枚おろしの完了。骨と二枚の身に分かれた状態。

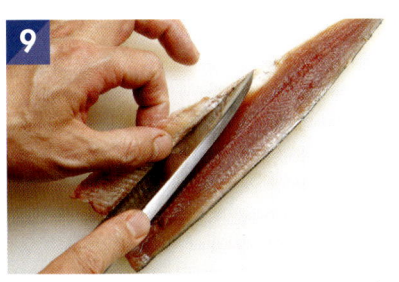

包丁を寝かせて、身についた腹骨をそぎ取る。

◆ 魚さばきの**用語集** ◆

【皮目】
サクや切り身で皮のついた側のこと。

【飾り切り】
材料を植物や動物などの形に切り、見栄えよく細工すること。

筒切り

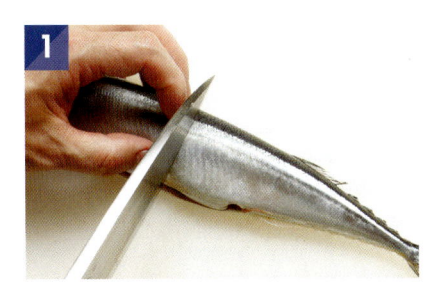

サンマの腹を開き、内臓を取りのぞいた後、食べやすい大きさに切る。

大きさを揃えて筒切りにする。4等分くらいが調度よい。

蒲焼き丼

安くて旨い家庭料理
タレとご飯の味わいもたまらない

材料（4人前）

サンマ	4尾
小麦粉	適宜
サラダ油	適宜
タレ	
だし汁	大さじ2
酒	大さじ3
砂糖	大さじ3と1/2
みりん	大さじ1
濃口しょうゆ	大さじ4
粉山椒	適宜
ご飯	800g

作り方

1　三枚におろしたサンマを程よい大きさに切る。切り身に小麦粉をまぶす。

2　フライパンにサラダ油をひき、小麦粉をまぶした切り身を色よく焼く。

3　タレをフライパンに入れ、煮詰めながら、照りがよくなるまで焼き上げる。

4　器に炊いたご飯を盛り、蒲焼きを並べ、粉山椒を振る。

有馬煮
（ありまに）

ぴりっとした有馬山椒を
加えてじっくりと煮込む

材料（2人前）

サンマ	1尾
合わせだし	
水	180ml
酒水	180ml
みりん	60ml
濃口しょうゆ	60ml
砂糖	大さじ2
有馬山椒の佃煮	適宜
木の芽	適宜

作り方

1　筒切りにしたサンマを鍋に並べ、ひたひたになる程度に合わせだしを加える。

2　有馬山椒の佃煮は刃たたきをしてから加える。

3　落とし蓋をして味が染み込むまで煮る。

4　煮上がったら器に盛り、木の芽を添える。

タカベ【鰖】

青みがかった体に黄色い縞が走る美しい魚。夏のタカベには上品な脂がのり、タタキや南蛮漬けがおすすめ。

魚のツボ

分類／スズキ目、タカベ科、タカベ属
分布／本州中部以南の太平洋岸
生態／岩礁帯を好み、大きな群れを形成する。分布海域でも特に夏期の伊豆七島周辺海域では、産卵のための大回遊があり、たくさん漁獲できる。全長25cmほどの小型磯魚。

調理のポイント

新鮮なタカベは刺身で味わう。脂ののりが少ない時期はたたき、脂がのった旬の時期には塩焼きがよい。

三枚おろし

1 包丁でウロコを取る。ヒレの下は頭を落とす際にじゃまになるので、特に丁寧に落とす。

2 カマ下に包丁を入れ、頭を落とす。

3 腹から包丁を入れ、肛門まで切れ目を入れる。

4 内臓は包丁を使ってきれいに取りのぞく。

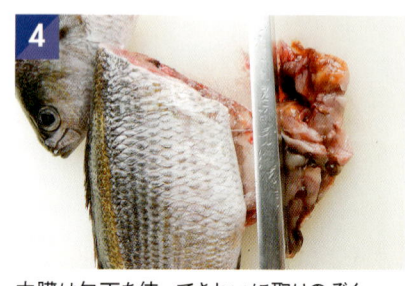

5 中骨に付いた血合いを刃先で傷つけ、水で洗い出す。

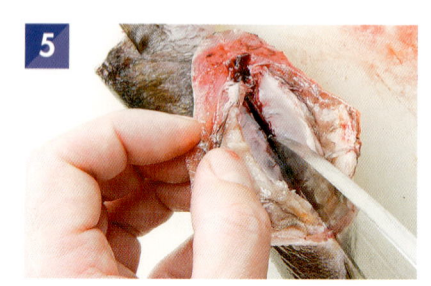

6 腹ビレから包丁を入れて、尾まで切れ目を入れる。背ビレ側は、頭に向かって切れ目を入れる。

7 尾に返し包丁を入れ、包丁を頭のほうに向けて身と中骨を切り離す。

8 三枚におろす。魚を返して骨側を下にし、背ビレの上に包丁を入れる。

9

次に腹側に包丁で切れ目を入れる。

10

返し包丁を入れていっきに中骨と身を離し、最後に身がつながった部分を切り離す。

11

三枚におろした状態。

タカキ
見た目も味も爽やかな
初夏の贈り物

材料（4人前）

タカベ	4尾
青じそ	適宜
しょうが	適宜
万能ねぎ	適宜
赤芽	適宜
ライム	適宜

作り方

1 タカベは水洗いをして三枚におろし、血合い骨を抜いて皮を引く。
2 青じそはせん切りにする。生姜はみじん切りに、万能ねぎは小口切りにする。
3 タカベを細切りにして青じそ、しょうが、万能ねぎ、赤芽と和える。
4 器に輪切りにしたライムを敷き、3を盛る。

南蛮漬け
甘酸っぱい味付けで
夏の酒のお供にする

材料（4人前）

タカベ	4尾	薄口しょうゆ	大さじ1
片栗粉	適宜	砂糖	小さじ1
揚げ油	適宜	カツオ節	少々
南蛮酢		赤唐辛子	1本
酢	120ml	玉ねぎ	適宜
水	180ml	にんじん	適宜
みりん	大さじ2	カイワレ	適宜

作り方

1 タカベは水洗いをして三枚におろし、食べやすい大きさに切り、片栗粉をつけて油で揚げる。
2 南蛮酢の調味料を鍋に合わせ、ひと煮立ちさせる。
3 揚げたタカベを2に漬ける。
4 器にタカベを盛り、玉ねぎ、にんじん、カイワレをのせ、南蛮酢をかける。

タチウオ 【太刀魚】

刀のように全身が銀色に輝くタチウオ。焼いても良し、煮ても良し。鮮度がいいなら刺し身が美味。

三枚おろし

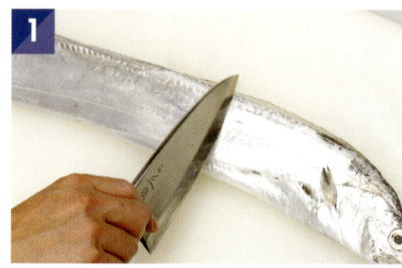
1 出刃包丁で表面を軽くこすり、ぬめりを落とす。

2 カマ下に包丁を入れ、頭を落とす。

3 腹から肛門まで切り進めていき、腹を開く。

4 内臓を引き出し、きれいに水洗いする。

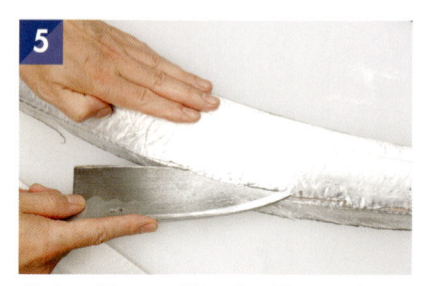
5 背ビレに沿って、尾まで切り進めていく。

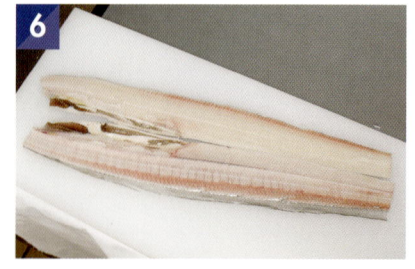
6 二枚にさばいた状態。

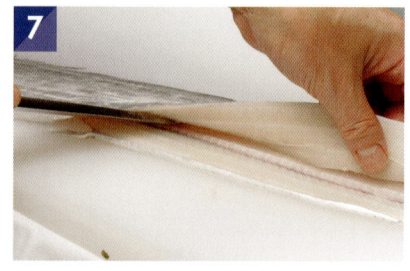
7 中骨のついた身に包丁を入れ、背ビレに沿って切り進め、骨を切り離す。

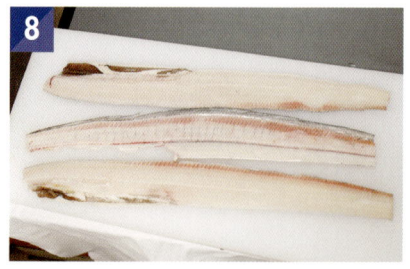
8 三枚おろしの完成。タチウオの身はやわらかいので、切るときは丁寧に行う。

塩焼きの切り身

1

頭と内臓を取りのぞいた後、包丁で押えて引きながら、背ビレを抜く。

2

塩焼きにするために程よい大きさに切る。

3

飾り包丁で表面に切り込みを入れる。

◆ 魚さばきの用語集 ◆

【天盛り】
酢の物や煮物上に盛りつけた針しょうが、木の芽、ゆずなどのこと。

【つま】
刺身に添える野菜や海草類のこと。

塩焼き
淡白な身に程よくついた塩味
素材のよさを味わいたい人に

材料（4人前）

タチウオ	1尾	谷中しょうが	適宜
塩	少々		

作り方

1 さばいたタチウオを水洗いし、10cm位の長さに切り揃え、飾り包丁を入れる。
2 塩を振り、魚焼き器やグリルで焼く。
3 器に盛り、谷中しょうがを添えて出来上がり。

刺身
コリッとした食感は新鮮な証
釣ったその場で味わいたい逸品

材料

タチウオ	1尾	もみじおろし	適宜
ポン酢しょうゆ	適宜	花穂	適宜

作り方

1 タチウオを三枚におろした後、腹骨を取りのぞく。
2 薄くそぎ切りにして皿に並べ、薬味を添える。お好みでポン酢しょうゆでいただく。

トビウオ 【飛魚】

長い胸ビレで海面を舞うトビウオ。脂肪分が少なく淡白な味わい。新鮮なものは刺し身にするのが極上。

魚のツボ

分類／メダカ目、トビウオ科、ハマトビウオ属
分布／本州中部以南から沖縄まで
生態／胸ビレ、腹ビレは翼としての役割を持っているため、大きく長い。尾ビレで水面を打って飛ぶ。30以上の種類があり、種類によって異なるが飛ぶ距離は50〜400cm。

調理のポイント

味が淡白なため、味つけはやや濃い目に心がける。鮮度が抜群によいものであれば、刺身にするとよい。背中の暗青色と腹の銀白色がはっきりと分かれているものが新鮮。

三枚おろし

1 胸ビレを持ち、根元から包丁で切り落とす。

2 腹ビレを包丁のアゴで押さえ、魚のほうを引っ張るようにして腹ビレを引き抜いていく。

3 包丁でウロコを取る。両面しっかりと取っておく。

4 背が手前にくるようにし、胸ビレがあった位置をまっすぐに切り落とす。

5 肛門の位置まで包丁で切り込みを入れる。内臓まで切らないように注意する。

6 切り込みを入れた部分を開き、包丁で内部をかき出す。

7 尾を左に、腹が手前にくるようにして尾に向かっておろす。骨に身が残らないようにする。

8 中骨側を下に、尾を左にし、尾に向かっておろす。

9

包丁ですくうようにして腹骨を取る。

10

皮まで達したら、包丁を立てて皮を切り離す。もう一方の身の皮も取っておく。

11

三枚おろしの完成。中骨と二枚の身に分かれた状態。

細切り

1

血合い骨を取る。手で触ってみて、骨があるところを探し、骨抜きで抜く。

2

尾の皮を手で持ち、皮と身の間に包丁を入れ、皮のほうを引っ張るようにして引く。

3

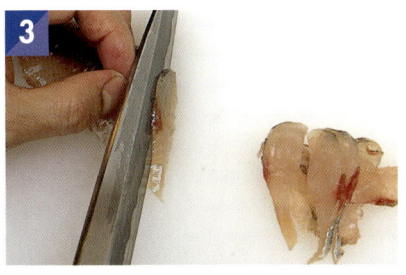

刺身用に細切りにする。

◆ 魚さばきの用語集 ◆

【鳴門作り】
鳴門の渦潮にちなみ、渦巻状の切り口を見せる細工作り。

【松皮作り】
タイの皮霜作りの別称。

刺身

身が締まったトビウオを
冷たい刺身にして食す

材料 （4人前）

トビウオ	1尾
あさつき	適宜
紅たで	適宜
大根	適宜
にんじん	適宜
青じそ	適宜
防風（またはセリ）	適宜
しょうが	適宜

作り方

1 細切りにしたトビウオの刺身をあさつき、紅たでと混ぜ、細かく砕いた氷の上にこんもりと盛る。
2 刺身の周囲に彩りよく、つまや青じそ、防風、しょうがを添える。

ニジマス【虹鱒】

虹模様が特徴で、川釣りの人気魚。川魚独特の癖が強いので味つけは濃い目がおすすめ。

魚のツボ

分類／サケ目、サケ科、大西洋サケ属

分布／原産地は北アメリカ。日本へはアメリカから持ち込まれ、全国の川に生息する。

生態／アラスカ、カナダが天然分布で日本へは 1877 年ごろに持ち込まれたと言われる。体の中央には紅色の線があり、これが虹のように見えるということが名前の由来。

調理のポイント

川魚特有のクセがあるので、調理するときは、濃い味つけをしたり、スパイスを使ったりする。体表面にぬめりがあるので、しっかりと落としてからさばく。

背開き

1

体全体にあるウロコとぬめりを包丁でしっかりと取りのぞく。

2

エラ蓋に包丁を入れて、エラを丁寧に引き出し、取りのぞく。

3

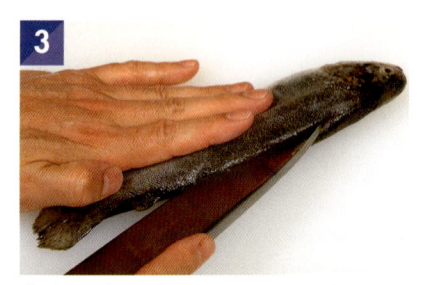

背ビレの上から包丁を入れ、尾まで切り込みを入れておく。

4

中骨に沿って包丁を切り進める。皮を破らないように注意しながら、腹の奥まで切っていく。

5

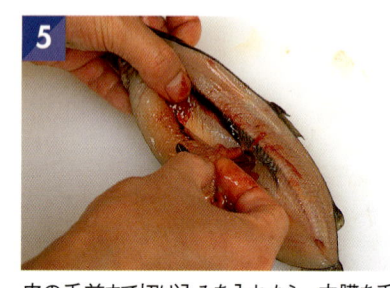

皮の手前まで切り込みを入れたら、内臓を手で取り出し、塩水で水洗いして血合いを取り除く。

6

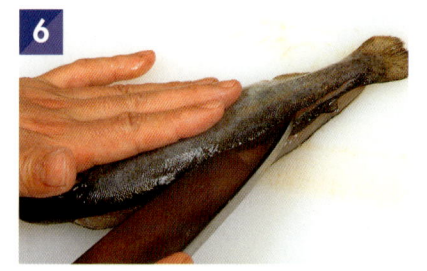

骨がついている片側の身も切り込みを入れて、中骨を切りはずしていく。

7

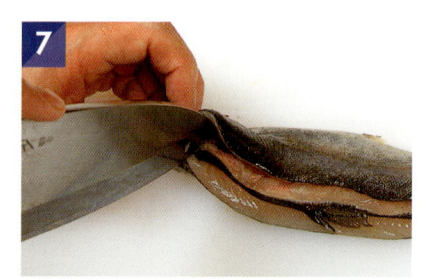

頭のつけ根のところまで切り進めたら、骨を切り離す。

8

中骨を外に取り出し、尾の部分を切り離す。

9

背開きの完成。包丁を大きく使うことによって、
身を崩すことなく美しく仕上げることができる。

◆ 魚さばきの**用語集** ◆

【腹骨】
内蔵を包んで腹側についている骨のこと。「すだれ骨」とも言う。

【平串】
うねらせたり曲げたりせずに、まっすぐ串を打つこと。

野菜の包み蒸し

旬の野菜と上品な味つけが
ニジマスの食感とマッチする

材料（1人前）

ニジマス	4尾
にんじん	適宜
竹の子	適宜
ごぼう	適宜
しいたけ	適宜
絹さや	適宜
煮汁	
だし汁	4カップ
薄口しょうゆ	100ml
みりん	100ml

作り方

1 ニジマスは背開きにし、中骨を取り除いて塩水で洗う。
2 開いた背の中にせん切りにしたにんじん、竹の子、ごぼう、しいたけ、絹さやを詰める。
3 ニジマスの尾をエラ蓋の中に押し込み、袋状にする。
4 煮汁を鍋で沸かし、ボールに入れる。
5 **2**と**3**を中火で15分ほど蒸す。
6 蒸しあがったら、器に盛り、煮汁を張る。

ニジマスフライ～カレー風味～

カレー粉でクセを消し
ぴりっと香ばしく揚げる

材料（1人前）

ニジマス	1尾
塩、コショウ	適宜
小麦粉	大さじ1
カレー粉	大さじ1
卵	1個
パン粉	適量
タルタルソース	
マヨネーズ	適宜
玉ねぎ	適宜
ピクルス	適宜
パセリ	適宜
レタス	適宜
ポテトサラダ	適宜
トマト	適宜
ブロッコリー	適宜

作り方

1 ニジマスはウロコとぬめりを取りのぞき、背から開いて袋状にする。内蔵をきれいに取りのぞき、水洗いする。
2 塩、コショウで味を調え、小麦粉とカレー粉をまぶす。溶き卵、パン粉をつけて油で揚げる。
3 器にレタス、ポテトサラダ、トマト、ブロッコリーとニジマスのフライを盛る。仕上げにタルタルソースをかけて完成。

さばいた魚の西洋・中華料理レシピ　▶ P.151

マゴチ【真鯒】

左右に平たく、頭が大きい変わった形の魚。透明感のある白身で、鮮度がよいものは刺身に。揚げ煮や煮物にも適している。

魚のツボ

分類／カサゴ目、コチ科
分布／南日本
生態／水深30mより浅い砂泥地、岩礁まじりの砂地を好む。海底に埋もれるようにして潜み、眼前のエビ類や小魚に飛びかかって捕食する。泳ぐときは海底すれすれを単独で移動する。

調理のポイント

鮮度がよければ刺身でいただく。薄造りや天麩羅、吸いもの、から揚げなど、調理の幅は広い。背中の黒褐色と腹側の白色とがはっきり分かれているものほど鮮度が高い。

大名おろし

1
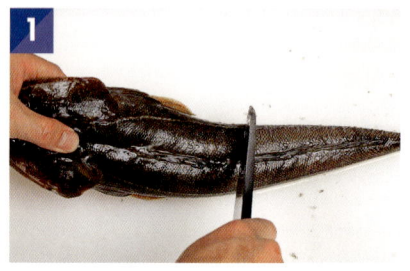
包丁でウロコを取りのぞく。ヒレの周りは包丁を入れやすいよう、入念に行う。

2

ウロコは腹側にもあるので、背と同じように包丁の刃先を使って取りのぞく。

3
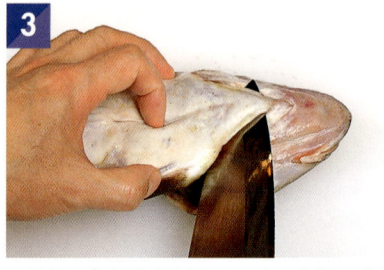
エラ蓋に包丁を差し込み、向こう側に突き抜けるようにしてアゴを切り離す。

4

カマ下から斜めに包丁を入れ、内臓を傷つけないように身の中ほどまで切り込みを入れる。

5
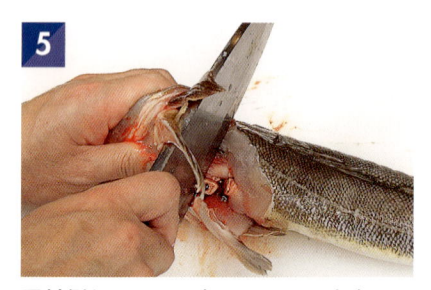
反対側も同じように包丁を入れ、完全に胴と頭を切り離す。

6

頭を切り離したら、包丁を逆さにして肛門から腹に向かって切り込みを入れる。

7
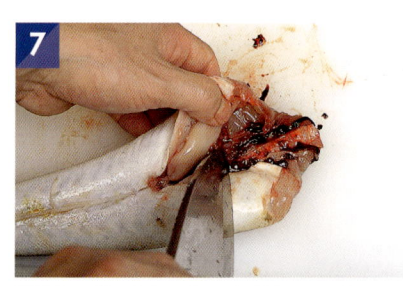
頭を切り離したら、包丁を逆さにして肛門から腹に向かって切り込みを入れる。

8
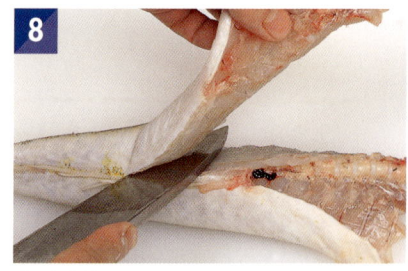
腹が手前にくるようにし、切り口から尾ビレに向かっていっきに切りおろす。

9 中骨を下におき、中骨に沿って尾ビレまで包丁をいっきに進める。

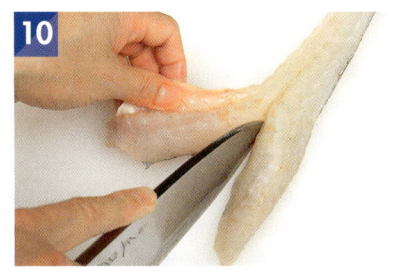

10 腹骨を取る。中心よりもやや左側に包丁を入れる。

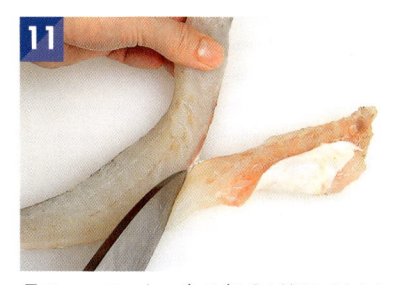

11 骨のついていない身の部分が細かくならないよう、適当なところで切り離す。

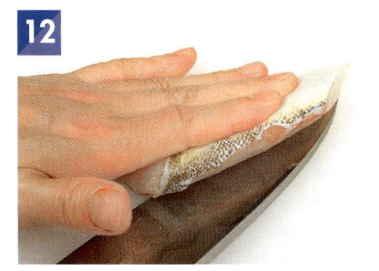

12 皮を上にし、腹骨があるほうを下におく。包丁を横から入れて、腹骨をこそげ取る。

13 血合い骨も同じようにして取りのぞく。なるべく身を取らないよう、薄くこそげ取る。

14 大名おろし完了。

洗い

脂肪が抜けて
身の締まった洗いをいただく

材料

マゴチ	適宜
青じそ	適宜
とさかのり	適宜
防風	適宜
にんじん	適宜
花穂じそ	適宜
わさび	適宜

作り方

1 マゴチの身をそぎ切りにし、氷水で洗って身を引き締める。脂肪が抜けてさっぱりとする。

2 器に氷を張ってマゴチを盛り、青じそ、とさかのり、防風、にんじん、花穂じそ、わさびをあしらう。

さばいた魚の西洋・中華料理レシピ　▶ P.144

51

マナガツオ 【真魚鰹】

上品な味わいで料亭でも使われる身のやわらかい白身魚。
中骨は乾燥させてから、油で揚げ塩をまぶすと酒の肴になる。

魚のツボ

分類／スズキ目、マナガツオ科、マナガツオ属
分布／本州以南
生態／初夏に内湾へ移動し、秋に外洋へ出る習性がサバ科のカツオと類似しているが、分類学的には無縁である。食道嚢に密生した多数の食道歯でクラゲ類を細かく砕いて食べる。

調理のポイント

新鮮なものは刺身にできるが、焼きものが一般的な方法。中骨は乾燥させてから、油で揚げて塩をまぶすと酒の肴になる。エラの色味が鮮やかな赤色が新鮮な証拠。

三枚おろし

1 包丁でウロコを丁寧に落としていく。

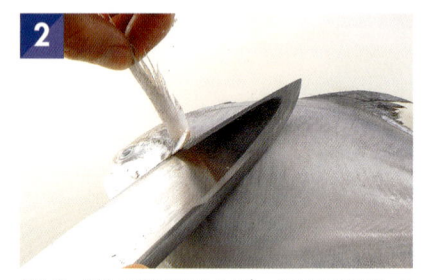

2 胸ビレを指で軽く持ち上げ、包丁で胸ビレを落とす。

3 頭の上から包丁を入れる。次に頭の下から包丁を入れ、頭を三角に落とす。

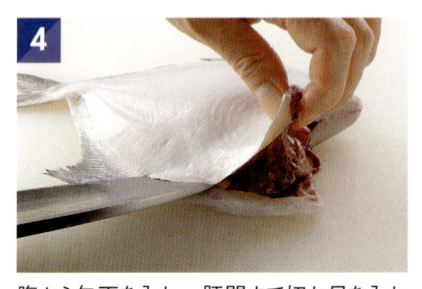

4 腹から包丁を入れ、肛門まで切れ目を入れる。

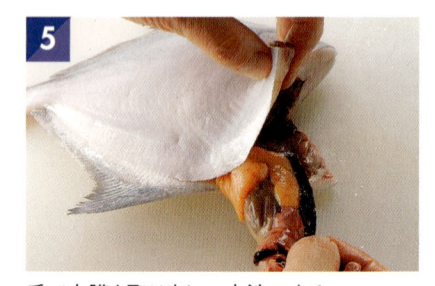

5 手で内臓を取り出し、水洗いする。

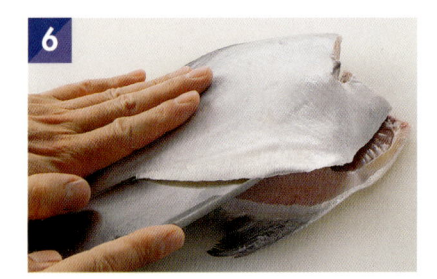

6 腹に包丁を入れ、肛門まで切り開く。

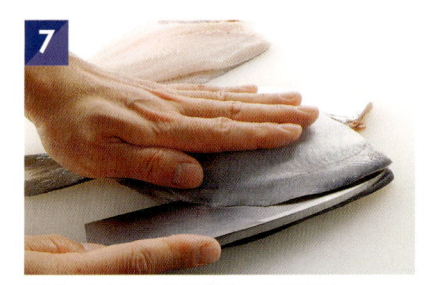

7 背ビレの上に包丁を入れ、切り開く。

8 三枚おろしの完成。身が二枚と中骨一枚に切り分けた状態。

切り身にする

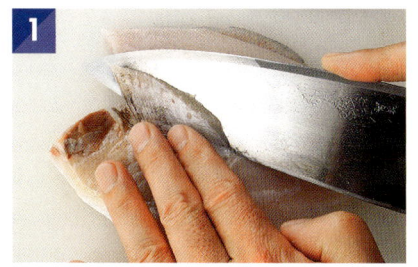
腹骨を取りのぞく。

三枚におろした身を、三等分の切り身にする。

西京焼き

マナガツオと西京味噌の間にガーゼを入れて、2〜3日おく。

漬けておいたマナガツオに包丁目を入れる。

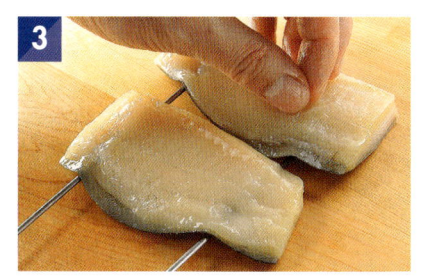
串を打って焼き上げる。

◆ 魚さばきの用語集 ◆

【立て塩】
下洗いや野菜などをしんなりさせるために使う、海水くらいの濃度。

【椀種（わんだね）】
汁ものの、主になる具のこと。

西京焼き

西京味噌の上品な風味でコクのある味わいに

材料（4人前）

マナガツオ	4切れ（70g）
塩	適宜
西京味噌	適宜
酒	50ml
みりん	50ml
銀杏	12個
松葉	適宜

作り方

1 マナガツオは水洗いをして三枚におろし、薄塩を30分程度あてておく。
2 西京味噌に酒、みりんを加えて練り混ぜる。
3 1のマナガツオの水気を拭き取り、ガーゼに包んで味噌漬けにする。
4 漬けておいたマナガツオに包丁目を入れる。
5 マナガツオに串を打つ。
6 マナガツオを焦がさないように両面を焼き上げる。銀杏は油で揚げて薄皮をむき、薄く塩を振りかける。松葉にさした銀杏を添える。

メゴチ【女鯒】

独特の表情をしたメゴチ。ぬめりが多く、臭みもあるが、白身はあっさりとしていて、天麩羅でいただくのが通。

魚のツボ

分類／カサゴ目、コチ科、メゴチ属
分布／本州中部から南日本
生態／全長が 20 ～ 40cm くらい。背中に3本の粒状のとげがある。下アゴが上アゴより突き出していて、しゃくれているように見える。マゴチより色が赤みがかっている。

調理のポイント

体表面にぬめりが多いので、調理する前にしっかりと落とさないといけない。新鮮なものはぬめりを取って、そのまま刺身にするのもよい。あっさりとした天麩羅が定番の調理法。

松葉おろし

1 腹側を上向きにして、肛門からカマにぶつかるまで斜めに包丁を入れる。

2 カマにぶつかったら、包丁を立ててまっすぐに頭を切り落とす。

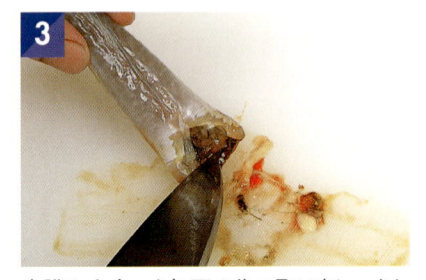
3 内臓や血合いを包丁の先で取り出し、きれいに水洗いする。

4 腹側を手前にし、中骨に沿って包丁を切り進める。

5 尾ビレのつけ根まで進んだら、切り離さずにそのままにしておく。

6 片側が開き終わった状態。

7 反対側の身も同様にして、中骨に沿って包丁を滑らせていく。

8 尾ビレのつけ根で包丁を立てて中骨を切り離す。

天麩羅の下処理

1 身についた腹骨をそぎ取る、包丁を寝かせてそいでいく。

2 皮目まで達したら、包丁を立てて皮ごと切り離す。

3 先を楊枝で止めておくと調理しやすい。

◈ 魚さばきの用語集 ◈

【磯辺作り】
のりを使った刺身の作り方。

【活き締め】
鮮度を保つため、生きている魚を人為的に脱血して殺すこと。

天麩羅　あっさりとした白身にさくさくの衣が好相性

材料 （2人前）

メゴチ	6尾
小麦粉	適宜
天麩羅衣	
卵	1個
冷水	1カップ
薄力粉	1カップ
ししとう	4本
レモン	適宜

作り方

1 さばいたメゴチに小麦粉と天麩羅衣をつけて180℃の油で揚げる。

2 ししとうは薄く天麩羅衣をつけて揚げる。

3 揚がったメゴチ、ししとうを盛りつけて、レモンを添えて出来上がり。

ヤマメ 【山女】

釣り魚としての人気が高いヤマメ。3〜5月にかけてが旬で、シンプルな塩焼きが美味。ムニエルやフライにもおすすめ。

魚のツボ

分類／サケ目、サケ科、サケ属
分布／本州関東以北、日本海側全域
生態／冷水性の魚で、流れが急で水が冷たくてきれいな処に生息している。9月から10月頃に卵を生む。体色は銀白で背面はやや黒色を帯び、体側には8〜10個の小判状斑紋がある。全長は約30cm。

調理のポイント

ムニエルやフライなども絶品だが、基本は塩焼き。甘露煮やひれ酒、みりん干しも人気の料理。

背開き

1 出刃包丁でウロコとぬめりを取る。ぬめりやウロコが多いので、丹念に下処理する。

2 頭の後ろから尾に向けて切れ目を入れ、背開きにする。

3 頭の上から縦に包丁を入れて、頭を開く。

4 エラと内臓を手で持ち上げながら、包丁で切り取る。

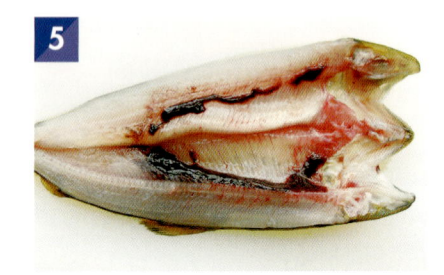

5 背開きの完成

串打ち

6 踊り串を打つ。まずは口から串を打つ。

7 ヒレ近くの腹部に串を通す。

腹の部分に2〜3cmほど幅をとり、串を打つ。

背から中骨を通して、尻ビレの近くに串を通す。

やまめの踊り串の完成。泳いでいるように、魚体を波打たせるときれいに見える。

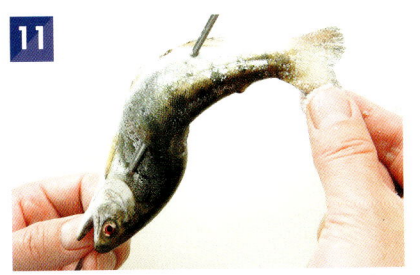
ヒレに化粧塩をして、こんがりと焼き上げる。

◇ 魚さばきの用語集 ◇

【おどり串】
魚を姿焼きにするときの串の打ち方。魚が泳いでいるようにうねらせて串を打つ。うねり串ともいう。

一夜干し
旨みが凝縮され
酒の肴にもってこいの一皿

材料（4人前）

やまめ	1尾	塩水	適宜

作り方

1　背開きにして内蔵を取り除き、きれいに洗う。
2　4〜5%の塩度の塩水に30分漬け込む。
3　風通しの良いところで表面が乾くまで天日干しにする。
4　こんがり焼き、食べやすく切り、器に盛る。

魚田
味噌で焼き上げた
昔ながらの田舎料理

材料（4人前）

ヤマメ	4尾	干したあんず	4個
塩	適宜	水	100ml
桜味噌	40g	砂糖	大さじ4
調味料		甘酢	適宜
卵黄	1個分	レンコン	適宜
酒	大さじ1		

作り方

1　ヤマメは水洗いして水気をふき取り、踊り串を打つ。ヒレに化粧塩をして焼く。
2　鍋に桜味噌と、味噌、調味料を合わせて火にかけて練る。
3　あんずは水、砂糖、甘酢を合わせて、蜜煮にする。
4　焼きあがったヤマメに合わせた味噌を塗り、焼き上げる。
5　器に盛り、蛇かごレンコンとあんずの蜜煮を添える。

さばいた魚の西洋・中華料理レシピ　▶ P.152

さばいて食す

焼き物編

豪快に食すなら丸ごと焼くべし！

釣り上げた魚を丸ごと焼く。シンプルに塩で素材の味を引き立てる。豪快に食す醍醐味がここにある。シンプルな味つけで魚本来の旨味を堪能してほしい。

磯の香りが残る獲れたての白ギスが
海の幸の奥深さを感じさせる

白ギスの丸焼き

【材料】

白ギス	4尾
大葉	適宜
谷中しょうが	適宜
レモン	適宜

【作り方】　　　　　▶さばき方はP26へ

1. キスは細かいウロコを包丁の刃先で取りのぞき、腹を開いて内臓を取り出す。
2. 下処理した白ギスにおどり串を打ち、振り塩をして網焼きにする。
3. 器に大葉を敷き、焼きあがった白ギスを盛りつけ、谷中しょうがとレモンを添えてでき上がり。

マルアジの丸焼き

【材料】

マルアジ	2尾
大葉	適宜
谷中しょうが	適宜
大根おろし	適宜
レモン	適宜

【作り方】　　　　　▶さばき方はP62へ

1. マルアジはウロコ、ゼイゴを取り、エラを取りのぞく。腹を開いて内臓を取り出す。
2. 腹に飾り包丁を入れ、振り塩をして、網の上で焼き上げる。
3. 器に大葉を敷き、焼き上がったマルアジを盛り、谷中しょうが、レモン、大根おろしを添えてでき上がり。

釣果を豪快に丸ごと焼く
ふっくらとした身がご飯に合う

2章

出刃包丁 + 道具でさばく

この章では出刃包丁以外の道具が必要になる魚のさばき方を紹介する。
包丁では柳刃包丁、道具ではウロコ引きや骨抜きが登場する。
道具が増えることで難しくなるイメージもあるが、より多くの魚がさばけるようになるのだ。

アイナメ【鮎魚女】

白身が美味しいアイナメ。身がやわらかく舌触りもよい。
おそりて骨切りにしてから調理すること。

魚のツボ

分類／カサゴ目、アイナメ科
分布／日本各地
生態／紡錘形の体で、ウロコが細かく、触るとぬるぬるとした触感がある。一般的に大きさは25〜40cmだが、東北方面の海域では60cmに及ぶ大魚も生息している。

調理のポイント

見た目にもきれいな白身はクセがなく、刺身、塩焼き、から揚げにするとおいしい。小骨が多いので骨切りをする必要がある。ウロコがよくついていて、身に張りがあるものが新鮮な証拠。

三枚おろし

1 出刃包丁の派を滑らせながらウロコを取る。背側は刃先で、腹部はアゴの部分を使う。

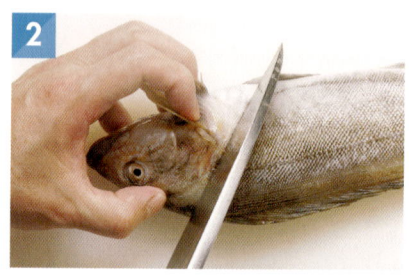

2 カマ下に刃を入れて、たすきに落とす。両側から刃を入れて、頭を切り離す。

3 腹から肛門にかけて刃を入れ、腹を開いて内臓と血合いを取りのぞく。

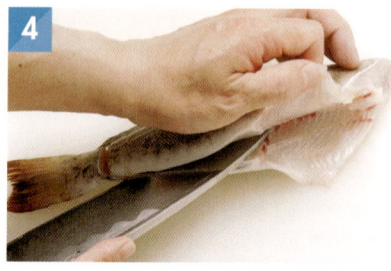

4 腹を手前にしてまな板の上におき、腹ビレの上から尾まで、骨に沿って切れ目を入れていく。

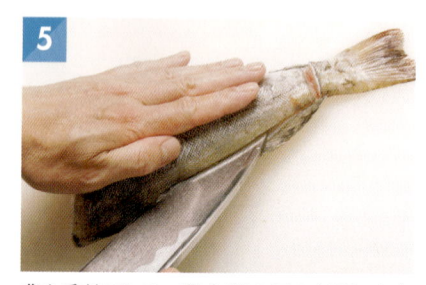

5 背を手前にして、背中側の尾の付近から中骨に沿って刃を深く入れ、身を切り離す。

6 二枚におろした状態。

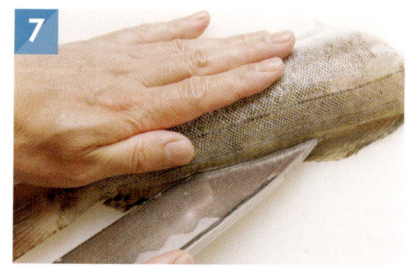

7 中骨を下にして、背中側から刃を入れて、頭から尾に向けて切っていく。

8 魚の向きを変え、尾から刃を入れて腹のほうに向かって切り進める。

9 返し包丁で尾に向けて切り込みを入れる。

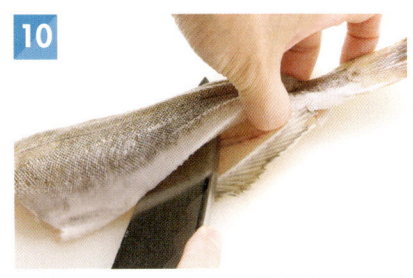

10 頭側に向けてまっすぐに刃を入れて、中骨に沿って身を切り離す。

11 三枚おろしの完成。二枚の身と中骨に切り分けた状態。

骨切り

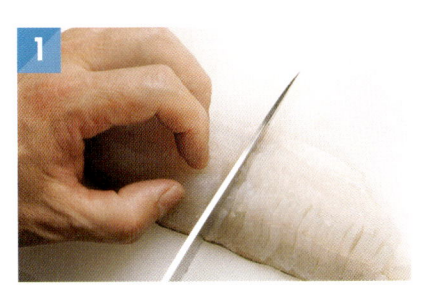

1 頭のほうから柳葉包丁で皮一枚を残すくらいに刃を入れて骨切りをする。

から揚げ

淡白な白身をカラッと揚げる
ご飯にもよく合う絶品料理

材料（4人前）

アイナメ	2尾
塩	適宜
片栗粉	適宜
ししとう	4本
レモン	1/2個

作り方

1 アイナメは水洗いして三枚におろし、薄く塩を振っておく。
2 血合い骨を抜いてから、骨切りをして、食べやすい大きさに切る。
3 切り身に片栗粉をまぶし、180℃の揚げ油でカラッとなるくらいに揚げる。
4 ししとうは素揚げをして、薄く塩を振る。レモンはくし形に切っておく。
5 器にから揚げを盛り、ししとう、レモンを添える。お好みでポン酢しょうゆをつけていただく。

アジ 【鰺】

世界中の暖海域に広く分布し、日本を代表する大衆魚であるアジ。新鮮なものは刺し身や酢の物に。干物や塩焼きもおすすめ。

魚のツボ

分類／スズキ目、アジ科
分布／太平洋、大西洋と幅広く
生態／マアジ、メアジ、ムアジなどのさまざまな種類があり、それぞれ味が異なる。家庭の食卓では小型がお馴染みだが、大きなもので全長 40cm ほどに成長する。

調理のポイント

小さい魚だが、奥深い旨みがある。新鮮であればたたきが一番。塩焼きや揚げ物にしても旨い。中骨やアラなどもすべて無駄なく調理して食べることができる。

大名おろし

1

ゼンゴ（ウロコ）を取る。尾から出刃包丁を切り入れ、前後に動かしながら切り進める。

2

ウロコを取る。尾のほうから包丁を滑らせるように取る。特にエラの部分は入念に。

3

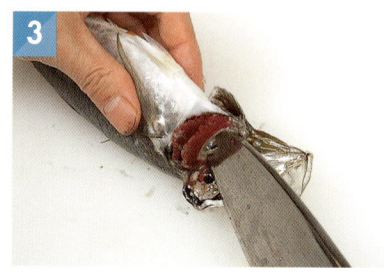

エラの下に包丁の刃先を入れて、引っ掛ける。

4

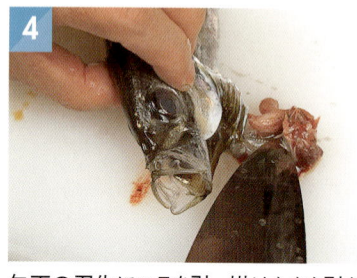

包丁の刃先にエラを引っ掛けたまま引き出して、エラを取り除く。

5

内臓を取るために腹ビレの下に包丁を入れて、腹を開く。

6

包丁で内臓、血合いの部分を取り出す。水洗いして汚れを取り、水気をふき取る。

7

柳場包丁でカマ下を切り入れ、滑らすようにして尾まで切り進めて、身を切り離す。

8

裏側も頭から包丁を入れて、いっきに身と中骨を切り離す。これで大名おろしの完成。

身についている腹骨を切り取る。包丁を寝かせて、すくうようにして切る。

骨抜きを使って、身に残っている骨を1本ずつ抜き取る。

腹開き

出刃包丁でエラと内臓を取り出して、背まで切り開いていく。

口に向かって包丁を入れ、頭を開く。

アジを腹開きにした状態。

◆ 魚さばきの**用語集** ◆

【銀皮作り】
腹側の銀皮を利用した刺身。カツオが代表的。

【背身】
おろした魚の背側の身。カツオ節の雄節は背身から作られる。

姿作り

新鮮なアジをたたきにして
素材本来の旨みを味わう

材料

アジ	1尾
しょうが	適宜
あさつき	適宜
レモン	適宜
あかめ	適宜
大葉	適宜
よりにんじん	適宜

作り方

1 三枚におろしたアジは糸作りにし、みじん切りにしたしょうが、小口切りにしたあさつきを加えて、混ぜ合わせる。
2 中骨は竹串を刺して形を作り、皿に盛る。レモン、あかめ、大葉、よりにんじんを添えて出来上がり。

おどり串

ゼンゴ、ウロコ、エラを取り、盛るときに裏になる胸ビレの下に包丁を入れ、内臓を取る。

背ビレの上に尾から頭に向かって切れ目を入れる。こうすると火が通りやすい。

頭を下にして魚を縦に持ち、目の下に串を打って表に串が出ないように腹から出す。

さらに魚を持ち上げて、背のほうに串を打つ。このときも表に串が出ないようにする。

尻ビレに近い位置に串を出す。おどり串は、中骨に絡ませるようにするときれいに仕上がる。

串を通したところ。魚が泳いでいるように見える。

飾り包丁を入れる。表になる側の表面に、斜めに交差するように包丁で切り目を入れる。

最後にヒレに化粧塩をして、全体にも塩を振る。皮目に焼き色がつくまで焼く。

姿焼き

シンプルな味つけだからこそ
素材のよさを存分に味わえる

材料 （4人前）

アジ	4尾	砂糖	大さじ3
塩	適宜	塩	少々
甘酢		谷中しょうが	4本
水	200ml	ふきみそ	適宜
酢	100ml	木の葉	適宜

作り方

1 アジはエラ、内臓を取りのぞく。
2 1におどり串を打ち、飾り包丁を入れ、化粧塩をして焼く。
3 2を皿に盛り、湯通しして、甘酢に漬けた谷中しょうが、ふきみそ、木の葉を添える。お好みで生姜じょうゆでいただく。

背開き

1 カマ下に包丁をたすきに入れて、頭を切り落とす。

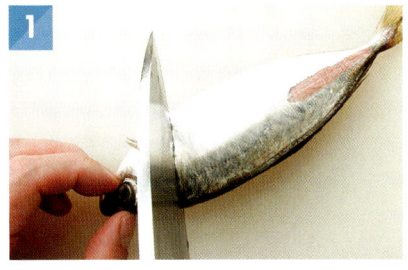

2 切り口から内臓をかき出す。水洗いして残りの内臓や汚れを取り、水気をふき取る。

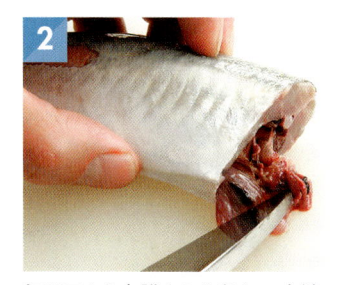

3 背ビレの上に包丁を入れて尾まで切り目を入れていく。

4 中骨に沿って腹目ぎりぎりまで包丁を入れ、いっきに切り開く。

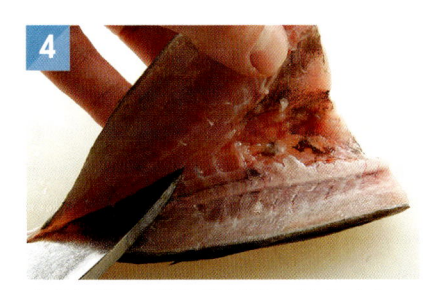

5 裏返しにして、尾を左に向け、身と中骨の間に包丁を入れて滑らせるように切り離す。

6 尾の位置まできたら包丁を立て、身と中骨を切り離す。

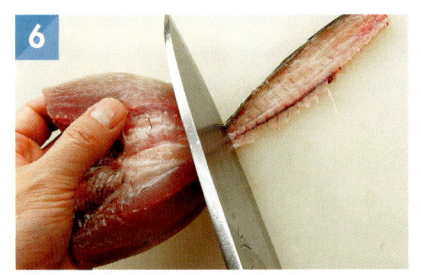

7 腹骨をすき取る。包丁を寝かせて薄くすき取るようにし、腹骨を身から切り離す。

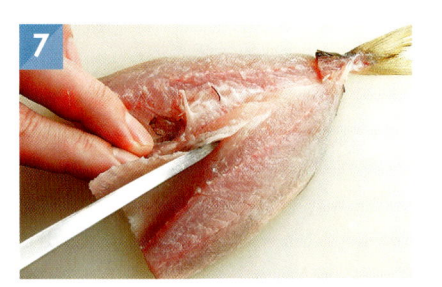

8 背開きの完成。

南蛮漬け
小アジを漬け込んで骨まで食べ尽くす

材料（4人前）

		南蛮酢	
小アジ	12尾		
赤唐辛子	2本	酢	120ml
長ねぎ	1本	水	180ml
ししとう	4本	みりん	大さじ2
片栗粉	適宜	薄口しょうゆ	大さじ1
揚げ油	適宜	砂糖	小さじ1
		鰹節	適宜

作り方

1 鍋に南蛮酢の材料を入れ、ひと煮立ちさせた後、火を止めて布でこす。その中にぬるま湯でもどした赤唐辛子を加える。

2 長ねぎは4cmほどの大きさに筒切りし、ししとうは縦に切り目を入れる。

3 フライパンで長ねぎとししとうを焼き色がつくまで炒める。

4 アジは片栗粉にまぶし、170℃の油で揚げる。

5 南蛮酢に長ねぎ、ししとう、揚げたアジを漬け込み、ラップをかぶせる。冷蔵庫で一晩馴染ませて出来上がり。

アナゴ【穴子】

ウナギによく似た細長い魚。旬は春から夏にかけて。
脂ののったアナゴは蒲焼きや白焼きにすると美味しい。

魚のツボ

分類／ウナギ目アナゴ科
分布／北海道南部以南
生態／浅場から水深 200 メートルまでの砂泥の海底に住む。尾部の先端は硬く、その尾部を巧みに使って砂泥に潜り込む。日中は頭部だけを出して潜っており、夕刻から活動を始める。

調理のポイント

脂ののったアナゴは、蒲焼きや白焼きにすると旨い。身の点線がはっきりしているもの、黒と白がはっきりしていて澄んでいるものが新鮮。全体が太っているほうがおいしい。

背開き

1 生きているうちにカマの上に包丁を入れて活けじめにする。鮮度をよく保つことができる。

2 表面に塩をつけてぬめりを落とす。

3 背を手前にして、目打ちを打つ。さらに包丁の背で目打ちを叩いてまな板に固定させる。

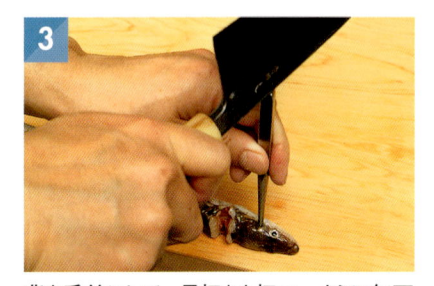

4 活けじめにした位置に包丁の刃先を入れ、中骨に沿って、背に切り目を入れる。

5 包丁の刃先を腹目ぎりぎりまで入れ、中骨に沿って背を開いていく。

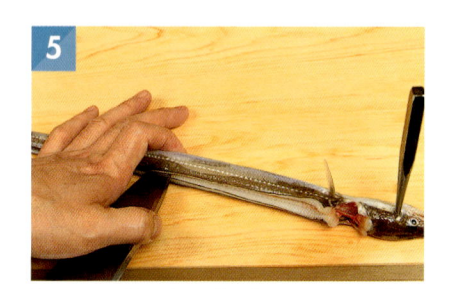

6 尾まで背を開いた状態。うまく切り開くには、いっきに包丁を尾まで動かすとよい。

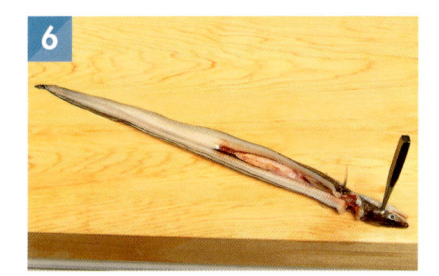

7 内臓を手でつまんで持ち上げ、包丁を内臓の下に入れる。

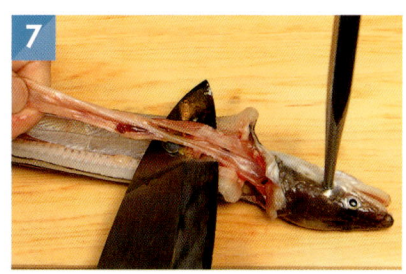

8 包丁で頭のほうから内臓を切り離す。

返し包丁を入れる。中骨を取りやすくするために包丁を入れて中骨を浮かせておく。

中骨の下に包丁を入れて、尾に向かって包丁を滑らせるように身から切り離していく。

頭を落とす。活けじめにした位置で頭を切り落とす。

背ビレを切り離す。包丁を立て、刃先で尾のほうから背ビレを引っ張りながら切り取る。

胸ビレも身から切り離していく。包丁とヒレを引っ張りながらバランスをうまくとる。

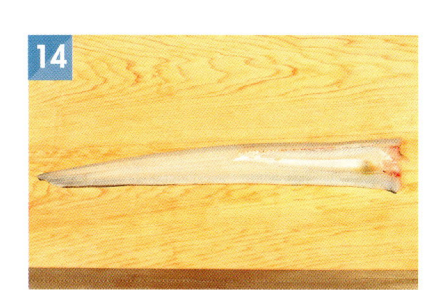

背開きが完了した状態。天麩羅にするときは、背開きにしたアナゴを切り分ける。

天麩羅

アナゴは淡白な味わいなので
天ぷらにしても美味しい

材料

アナゴ	1尾
小麦粉	適宜
たらの芽	適宜
衣	
卵	1個
冷水	1カップ
薄力粉	1カップ
揚げ油	適宜

作り方

1 アナゴは背開きにし、小麦粉をまぶす。たらの芽は食べやすい大きさに切る。
2 天麩羅の衣を作り、アナゴをつけて180度の油で揚げる。

さばいた魚の西洋・中華料理レシピ　▶ P.150

◆ 魚さばきの用語集 ◆

【大名おろし】
小さい魚を三枚におろすときの手法。中骨に多くの身が残る贅沢なおろし方なので、この名がついた。

【のし串】
焼いたときに曲がらないように刺す串。主にエビに用いられ、尾や頭から腹側に一本串を打つ。

【添えづま】
刺身の脇に添えられるつまのこと。花穂、赤芽、むらめなどを指す。

アマダイ 【甘鯛】

色鮮やかな高級魚で身がやわらかく上品な味。
味噌を相性がよく、焼き物にすれば絶品。

魚のツボ

分類／スズキ目、キツネアマダイ科、アマダイ属

分布／本州中部以南、南シナ海、東シナ海など

生態／体はほっそりとしていて、平たい。目が大きく、独特の頭の形をしている。水深 30 〜 150m の砂底に生息し、穴を掘って隠れる習性を持つ。京都ではグジと呼ばれる。

調理のポイント

鮮度がよければ、刺身にする。淡白な味なので、味噌漬けにして食すのが一般的。関西では高級魚とされ、西京焼きは、まさに最高の焼き物と言われる。

三枚おろし

1 ウロコ引きでウロコを丁寧に落とす。残ったウロコはピンセットなどで取るとよい。

2 頭の両側から包丁で切り込みを入れてから、たすきに落とす。

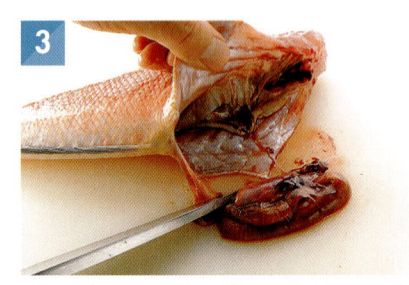

3 頭から腹にかけて切り進め、腹を開き、内臓を取り出す。その後、きれいに水洗いする。

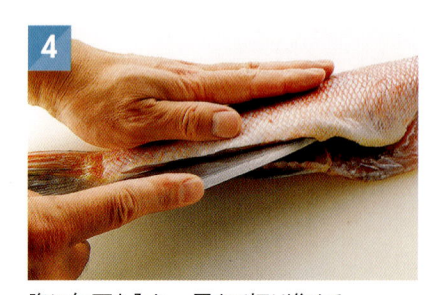

4 腹に包丁を入れ、尾まで切り進める。

5 背側も同様にして、尾から頭に向かって切り入れる。

6 身と骨を切り離すため、尾の部分に返し包丁を入れる。

7 尾のほうから中骨に沿って切り進め、身と中骨を切り離す。

8 身を切り離して二枚におろした状態。

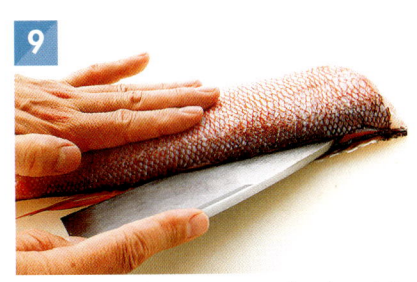

中骨がついた部分を下にし、背に包丁を入れて切り込みを入れる。

腹に包丁を入れ、頭に向かって切り進める。

三枚おろしの完成。中骨と身が二枚の状態。

西京味噌に漬ける

包丁をすくうようにして腹骨を切り取る。

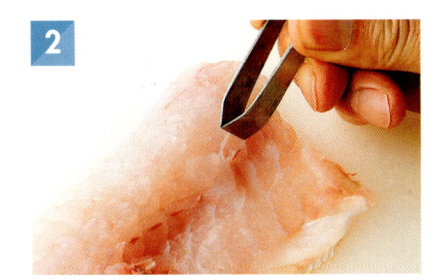

薄塩をあて30分ほどおき、身の表面を指で探って、血合い骨を骨抜きで抜く。

切り身を西京味噌に漬ける。ガーゼを切り身と味噌の間に挟み、2〜3日間漬け込む。

◆ 魚さばきの用語集 ◆

【わた抜き】
内蔵を取りのぞくこと。または取りのぞいた魚のこと。抜きハモなどと呼ぶ。

【上身・下身（うわみ・したみ）】
魚の頭を左、腹を手前におき、中骨から上を上身、下を下身という。

西京焼き

アマダイの身に染み込んだ
西京味噌の風味が口に広がる

材料（4人前）

アマダイ	4切れ分
塩	適宜
西京味噌	250g
酒	50ml
みりん	50ml
黒豆の密煮	適量

作り方

1 アマダイは水洗いして三枚におろし、うす塩をあて、30分ほど置く。
2 表面をさっと水洗いして水気をふき取り、酒とみりんでのばした西京味噌に2〜3日間漬け込む。
3 味噌漬けにしたアマダイを切り身にし、串を打ち、焦がさないように焼き上げる。
4 焼きあがったら器に盛り、黒豆の密煮を添えて出来上がり。

さばいた魚の西洋・中華料理レシピ　▶ P.149

イシダイ 【石鯛】

引きが強く釣り魚としての人気が高いイシダイ。
引き締まった身は刺し身で食すのが美味。

魚のツボ

分類／スズキ目、イシダイ科、イシダイ属
分布／北海道以南、朝鮮半島、南シナ海、ハワイ
生態／楕円形の体をしており、甲殻類を捕食するほどの両アゴの鋭い歯が特徴。沿岸の岩礁に生息する。力強い引きがあることで、釣り師達の間で絶大な人気を誇る魚。

調理のポイント

生きたイシダイをすばやく締めて調理する。刺身や洗いにして食べることが多い。身が堅く引き締まっているので、薄作りにして一晩寝かせて食べやすくする。

三枚おろし

1 出刃包丁でウロコを取る。

2 ヒレを持ち上げて、たすき落としにする。イシダイの頭は堅いので叩いて切る。

3 頭についている内臓と空気袋を引き出す。

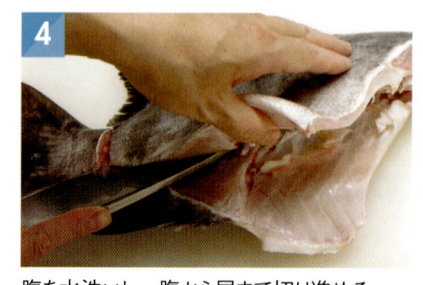

4 腹を水洗いし、腹から尾まで切り進める。

5 背を手前にして、中骨に沿って尾から切り進めていき、身を切り離す。

6 二枚おろしの完成。

7 次に中骨のついた身のほうをさばく。背のほうに刃を入れて切り進める。

8 方向を変えて、尾から頭のほうに向かって切り進める。

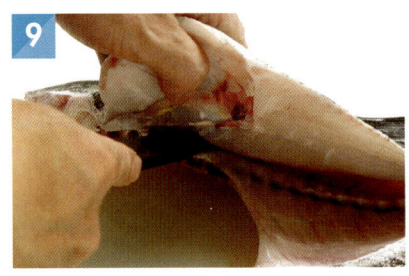

身が固いので、ゆっくりと開きながら頭のほうも切り離していく。

三枚開きの完成。

薄作り

出刃包丁で身についた腹骨に沿うように刃を入れて、骨を取り除く。

背と腹の部分の身を切り離す。次に血合い骨を切り離す。

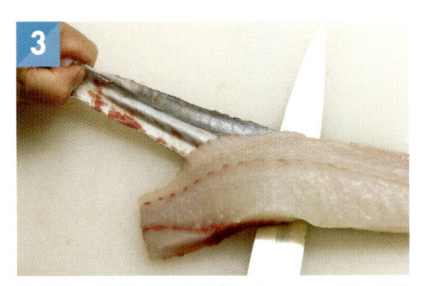

柳刃包丁を使い皮をはぐ。皮の上に尾のほうから刃を入れ、皮を左右に振りながら引き切る。

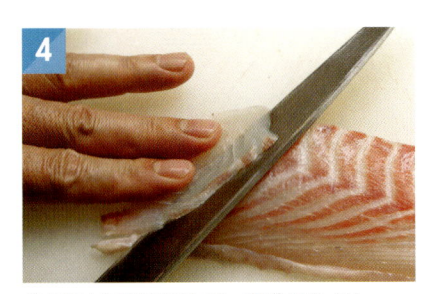

身を薄くそぎ切りにして、薄作りにする。

薄作り

身が引き締まって歯ごたえよくさっぱりとした味わい

材料 （4人前）

イシダイ	1尾
大葉	適宜
もみじおろし	適宜
花穂	適宜
あさねぎ	適宜
ポン酢しょうゆ	適宜

作り方

1　イシダイ（一晩寝かせると食べやすくなる）は水洗いして三枚におろし、腹骨を取りのぞき、背と腹に切り分ける。
2　皮を引き、左端から薄くそぎ切りにし、皿に並べる。皮はさっと茹で、冷水に落とし、ウロコを取り除いて、食べやすく刻む。
3　手前に薬味、皮を添える。ポン酢しょうゆをつけていただく。

さばいた魚の西洋・中華料理レシピ　▶ P.146

イトヨリ【糸縒】

体に走る黄色い線が特徴の魚。その身は透明で
味は淡白。関西では高級魚として重宝される。

魚のツボ

分類／スズキ目、イトヨリダイ科、
イトヨリダイ属

分布／本州中部以南、韓国、イン
ド洋など

生態／イトヨリダイとも言われ、水
深40〜100mの海底の砂地に
生息し、餌を捕食する。体に黄
色い帯状の線があるのが特徴で、
目元から尾に向けてつながってい
る。「糸撚鯛」「糸金魚」などと
も書く。

調理のポイント

あっさりとした上質な味の白身は、
刺し身、つけ焼き、煮付けなどに
すると旨い。色がきれいなので、
お椀にしても映える魚だ。身がや
わらかいので、丁寧にさばかなけ
ればいけない。

三枚おろし

1 出刃包丁で丁寧にウロコを取っていく。

2 カマ下に包丁を入れ、頭をたすきに落とす。

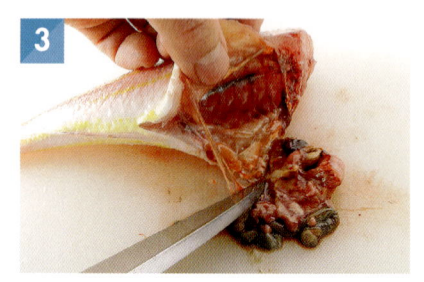

3 腹から肛門まで切れ目を入れ、腹を開き、
内臓を取り出して、水洗いする。

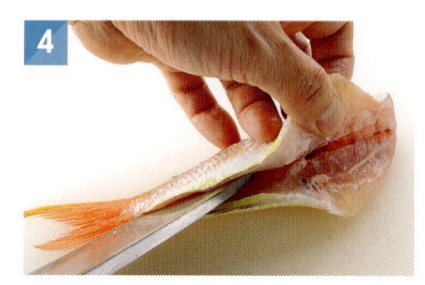

4 中骨に沿って尾まで切り進める。

5 向きを変えて、尾から包丁を入れ、中骨に
沿って切り進める。

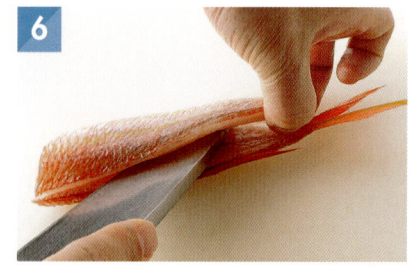

6 尾のほうに返し包丁を入れ、包丁を頭に向
けて切り進めて、骨と見を切り離す。

7 二枚におろした状態。

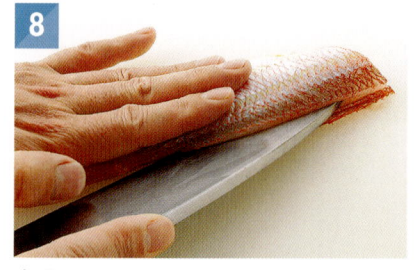

8 中骨のついているほうを下にして、頭のほう
から背に包丁を入れて、切り進める。

腹側に包丁を入れて、尾のほうから切り進める。

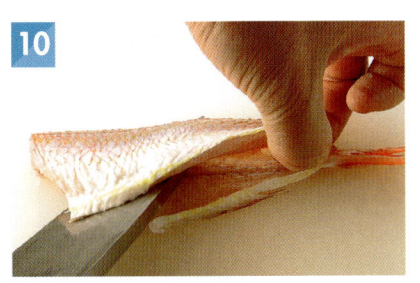

尾のほうに返し包丁を入れてから、包丁を頭のほうに向けて身と中骨を切り離す。

三枚おろしの完成。

骨抜き

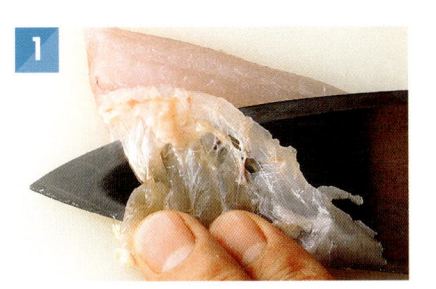

三枚におろした切り身に包丁を斜めに入れて、すくい取るように腹骨を切り取る。

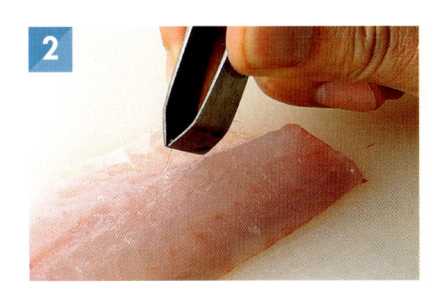

指で身の表面を探って、血合い骨を骨抜きで抜き取る。

かけ焼き

シンプルに焼くことで風味豊かな料理が完成

材料（4人前）

イトヨリ	2尾
漬け込み汁	
酒	50ml
薄口しょうゆ	50ml
ししとう	8本

作り方

1 イトヨリは水洗いして、三枚におろす。腹骨を取りのぞき、血合い骨を抜く。
2 イトヨリを漬け込み汁に30分ほど漬け、皮目に包丁目を入れて串を打ち、魚焼き器で焼く。漬け込み汁をかけながら焼き、味を調整する。
3 器に盛り、ししとうの油焼きを添える。

◆ 魚さばきの用語集 ◆

【アラ】
魚をおろした後に残った頭、カマ、中骨などのこと。あら煮や潮汁に用いる。

【活き作り】
活きたまま、頭と尾を残して身だけを刺身にし、元の姿のように盛りつける料理。

【けん】
つまの一種。細切り野菜のことで刺身に添える。大根、にんじん、きゅうりなどが使われる。

イナダ【鰍】

ブリの若魚であり、出世魚としても知られる。
ほどよく脂がのったさっぱりとした味わいが特徴。

魚のツボ

分類／スズキ目、アジ科、ブリ属
分布／琉球列島をのぞく日本各地の温暖海域
生態／出世魚で、最終的にはブリとなる。また、地域によっても呼び名は異なる。典型的な季節的回遊をし、日本列島沿岸域を挟んで、東シナ海からオホーツク海を往復する。

調理のポイント

身がしっかりしているので、サクにまっすぐ包丁を入れていっきに引いていく。日本海産で頭の小さめのものが美味。腹がふっくらとしていて、尾が黒く汚れていないものを選ぶ。

三枚おろし

1
包丁を尾から頭に向かって動かしウロコを取る。背ビレ付近や腹ビレ付近は入念に。

2
胸ビレの脇のカマ下から出刃包丁を斜めに入れる。反対側も同じようにする。

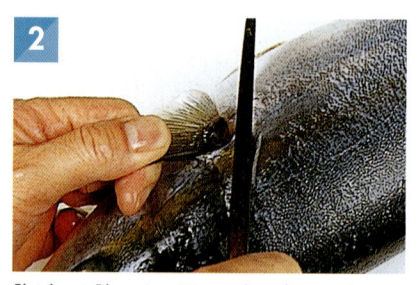

3
包丁をまっすぐにおいて、そのまま真下に包丁を入れる。頭は切り落とさない。

4
腹に包丁を入れて、肛門に向かって切れ目を入れていく。

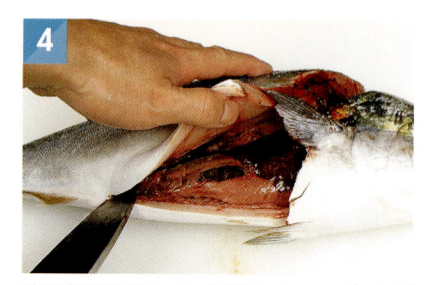

5
頭を持ち、手前に引っ張るようにして内臓を取り、きれいに洗う。

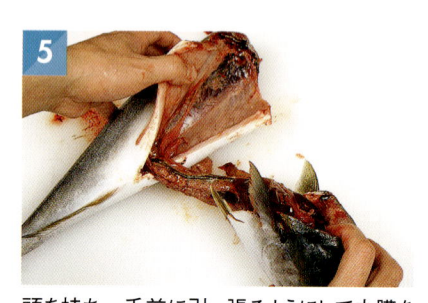

6
腹ビレの上に包丁を入れて尾に向かって切れ目を入れる。背側も切り進める。

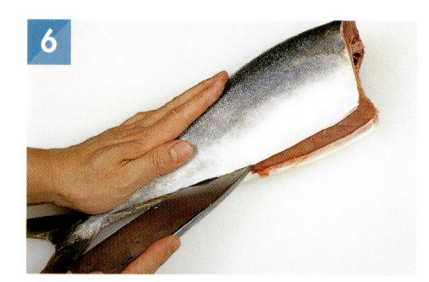

7
尾のほうに返し包丁を入れ、頭に向けて切り進め、身と骨を切り離す。裏側も同様に行う。

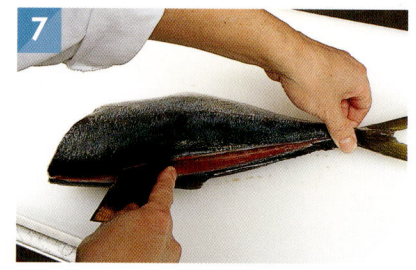

8
骨を下にして背側、腹側に包丁を入れ、身と骨を切り離し三枚におろす。

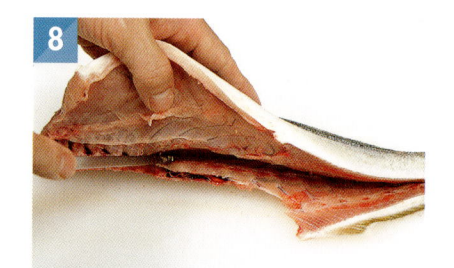

9

三枚おろし完了。身が二枚と中骨を合わせて、三枚におろした状態

◆ 魚さばきの**用語集** ◆

【化粧塩】
塩焼きするとき、焼き上がりを美しくするためにヒレにつける塩のこと。

【エンペラ】
イカの胴の先にある三角形をしたヒレのこと。「みみ」

そぎ切り

1

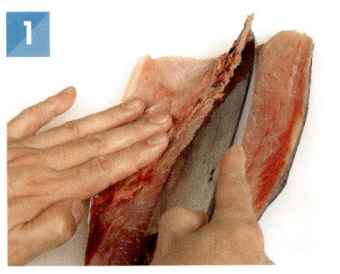

腹骨に返し包丁を入れる。包丁を斜めに入れて腹骨をすくようにして切り取る。

2

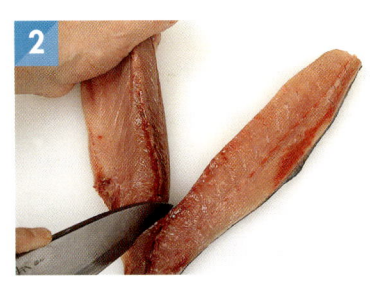

切り身の真ん中に包丁を入れ、半分に切る。最後はまっすぐではなく斜めに切る。

3

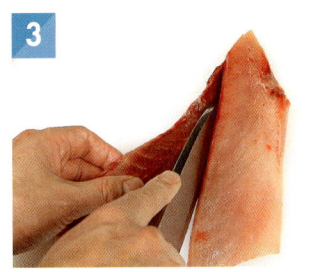

血合い部分に包丁を入れて、すくように切り取る。

4

手で皮を引っ張りながら、皮目の下に柳刃包丁を入れて皮を引く。

5

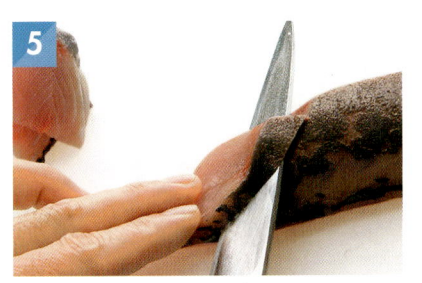

包丁を斜めに寝かせてそぎ切りにする。

重ね盛り〜タタキ芋添え〜

さっぱりとした清涼感がある
ほどよく脂がのった刺身

材料

イナダ	適宜
山いも、刻みのり	適宜

作り方

1　イナダは三枚におろし、サク取りして皮を引き、そぎ切りにして皿に盛る。
2　山いもは包丁の刃でたたいてイナダの上にのせ、刻みのりを添える。
3　お好みでレモンしょうゆなどでいただく。

カンパチ 【間八】

身が引き締まっており、品の良い旨さが特徴のカンパチ。
漁獲量が少なく、天然ものは高級魚として珍重される。

魚のツボ

分類／スズキ目、アジ科、ブリ属
分布／本州中部から南の太平洋
生態／幼魚のときに背から見ると、目の間が「八」の字のような黒い斑点があることからこの名前がつけられた。最大で2mほどの大きさになり、釣り師に絶大な人気。

調理のポイント

味が淡白なので、調理方法によってさまざまな味が楽しめる。刺身にするよりは、焼き物にするほうが一般的。クセが少なく食べやすい、人気の魚である。

三枚おろし

1

出刃包丁でウロコとぬめりを丹念に落としていく。

2

カマ下から包丁で切り込み、頭をたすきに落とす。

3

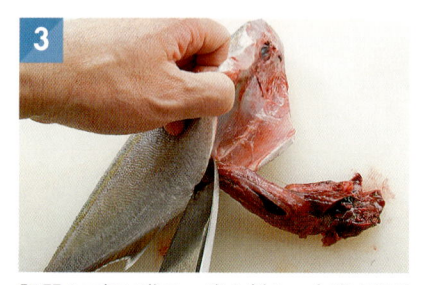

肛門まで切り進め、腹を割き、内臓を取り除く。奥に残った血合いはかき出す。

4

魚を手で押さえ、腹ビレの上から包丁を入れて、腹を開く。

5

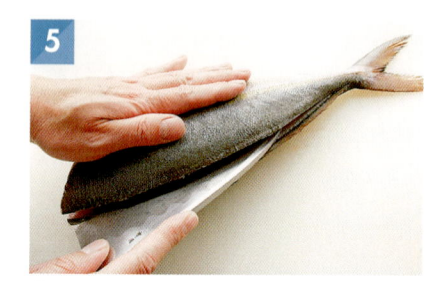

背を手前にして、尾から頭のほうへ中骨に沿いながら切り進める。

6

同様にして、中骨の残っているほうの身を切り進める。背ビレから包丁を入れておろす。

7

三枚におろした状態。

刺身にする

腹骨を取り除く。

包丁を立てて使い、血合い骨がついた部分を切り取る。

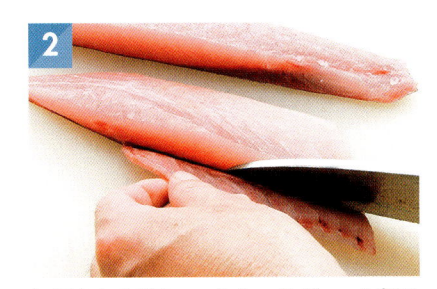

柳刃包丁をまな板と平行にして、皮を引っ張りながら剥ぐ。

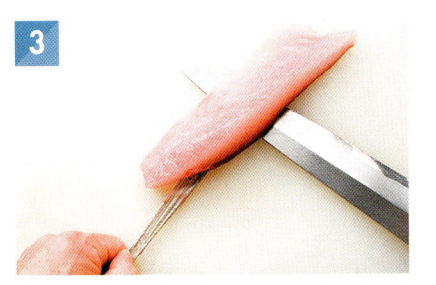

包丁を立てて、手前に引きながら切り、平作りにする。

刺身

歯ざわりのよい締まった身
新鮮だから本来の旨みを堪能できる

材料

カンパチ	適宜	わさび	適宜
大根	適宜	いかり防風	適宜
青じそ	適宜	より人参	適宜
花穂	適宜	レモン	適宜

作り方

1 カンパチは水洗いして三枚におろし、腹骨を取り除き、背と腹に切り分ける。
2 皮を引き、平作りにする。
3 皮器に大根、青じそを敷き、カンパチの刺身を盛る。花穂、わさび、いかり防風、より人参、レモンを添える。

あら汁

捨てるところのないカンパチ
だしとして使っても一級品

材料（4人前）

カンパチのアラ	1尾分	味噌	適宜
水	5カップ	長ねぎ（さらしねぎ）	適宜
昆布	15cm	七味	適宜

作り方

1 カンパチの頭、カマ、中骨をほどよい大きさに切る。
2 1を湯通しする。
3 水5カップを入れた鍋に昆布15cmを入れ、湯通ししたカンパチのアラを加える。
4 火にかけて沸騰する前に昆布を取り出し、アクを取りながら静かに煮る。
5 味噌を溶き入れ、味を調える。
6 器に盛り、さらしねぎを添え、七味を振って出来上がり。

キンメダイ 【金目鯛】

鮮やかな赤の体色が美しい魚。代表的な調理法は
二枚におろして切り分けて煮つけにする。

魚のツボ

分類／キンメダイ目、キンメダイ科、キンメダイ属

分布／茨城以南の太平洋側

生態／眼が大きく黄金色をしていることから名がついた。水深数百メートルの深海底近くに住む。夜になるとやや浮上するが、餌の少ない深海のため、食いだめる習性がある。

調理のポイント

うぐいす骨と言われるかたい部分があるので、頭を落としたときに一緒に取る。エラもきちんと取りのぞいて食べやすくする。金色に輝いている目とつやのある魚体が新鮮。

二枚おろし

1 ウロコ引きで尾から頭に向かってウロコを取る。

2 取り切れなかったウロコを、出刃包丁の刃先で丁寧に取る。

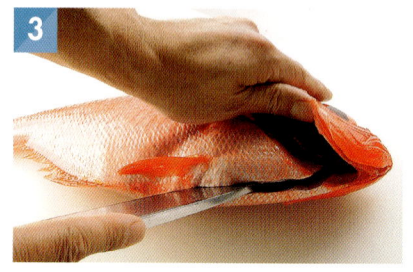

3 腹に包丁を入れて、肛門まで切れ目を入れる。

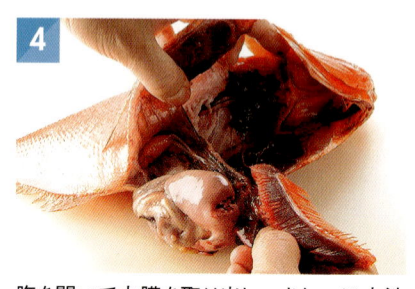

4 腹を開いて内臓を取り出し、きれいに水洗いする。

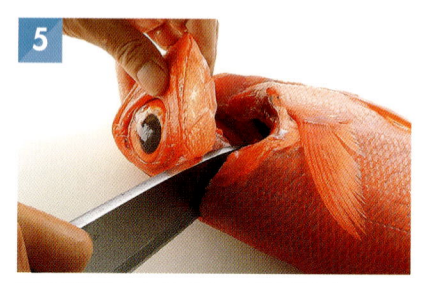

5 頭の付根に包丁を入れ、頭を落とす。

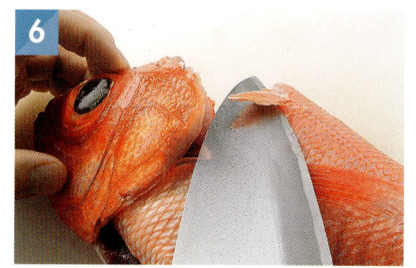

6 うぐいす骨と言われるかたい部分を包丁で取る。

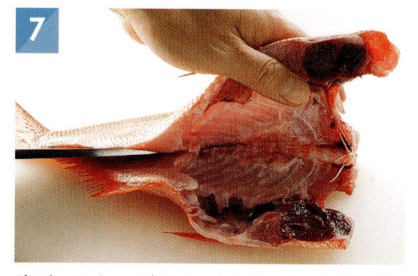

7 腹ビレの上から包丁を入れて、尾まで切り進める。

8 次に、背ビレに沿って包丁を入れて、尾から頭まで切れ目を入れる。

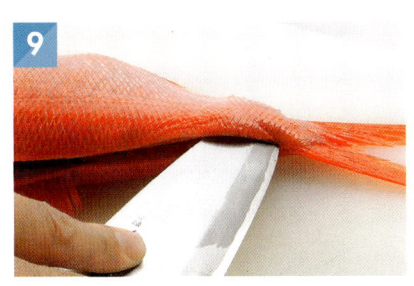

9

身と中身を切り離すため、尾に返し包丁を入れる。

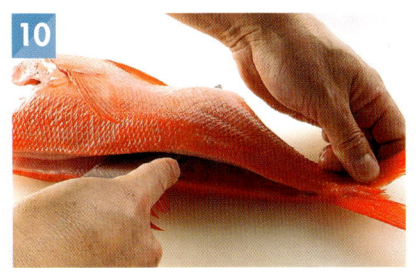

10

包丁を頭のほうへ向けて、身と中身をいっきに切り離す。

11

二枚におろした状態。ここから切り身にさばいていく。

ぶつ切り

1

ヒレを包丁で落とす。写真は落とした後の状態。

2

二枚におろした身を、それぞれ三つに切り分けていく。

煮つけ

コクのあるキンメダイの身は
定番の煮つけが旨い

材料 （4人前）

キンメダイ（100g）	4切れ
水	1カップ
酒	1カップ
みりん	100ml
濃口しょうゆ	大さじ5
砂糖	大さじ3
青菜	適量
針しょうが	適量

作り方

1 キンメダイは水洗いをして、二枚におろし、切り身にする。
2 切り身は霜降り（湯通し）する。
3 鍋に水、酒、みりん、濃口しょうゆ、砂糖をすべて合わせ、沸かす。沸いたら切り身を入れ、落とし蓋をして煮る。煮汁にとろみがつくまで煮る。
4 器にキンメダイを盛り、ゆでた青菜を添え、仕上げに針しょうがをのせる。

サケ【鮭】

脂がのったサケは格別の味。尾から頭まで
まるごと食べることができ捨てる部分がない。

魚のツボ

分類／サケ目、サケ科、サケ属

分布／日本、朝鮮半島、沿海州
など

生態／川で生まれ、海で育ち、
再び生まれた川に戻る習性を持
つ。大きなものは1mにも及び、
新鮮なサケはシルバーに輝き美し
い。サケの卵であるイクラも人気
の食材。

調理のポイント

捨てる部分がないサケはさまざま
な調理方法がある。新鮮なうちに
さばいてから冷凍保存するルイベ
や、照り焼き、塩焼き、ムニエル
などがおすすめ。

大名おろし

1

ウロコを取る。ウロコ引きで引くか、包丁で
こそげ取る。

2

出刃包丁で腹を開く。肛門から頭に向かっ
て切り進める。

3

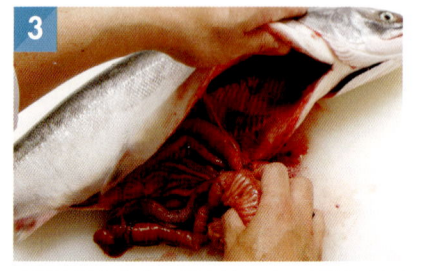

内臓を取り出す。卵を持っている場合は丁
寧に取り出す。

4

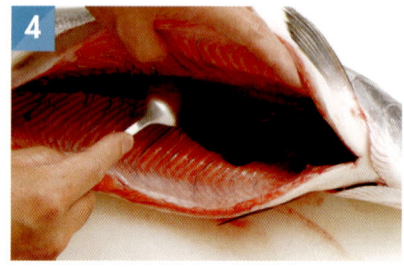

腹に残った血合いをスプーンでかき出す。
血合いを塩漬けにした「めふん」も旨い。

5

頭を落とす。エラを持ちながら、背側から包
丁を入れる。

6

腹側から包丁を入れ、素頭に落とす。

7

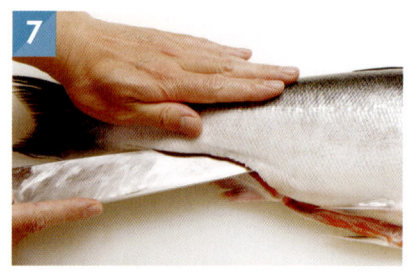

牛刀包丁で身を切り離す。大きなサケは先
に腹側から切り進める。

8

頭のほうから尾に向かって、大名おろしで身
を切り離す。

9

二枚におろした状態。

10

尾ビレの部分の身を切り離す。

11

腹骨を切り離す。まず包丁の先で、骨を軽く切っておく。

12

中骨を上にして頭のほうから、中骨を切り離す。

13

大名おろしの完成。

切り身にする

1

頭はカマ下に切り落とすか、素頭落としにして切り離していく。

2

腹側から包丁を入れていき、中骨のある中心部分まで切れ目を入れる。

3

頭のほうから中骨の上に包丁を入れていき、大名おろしの要領で切る。

4

そのまま身と中骨をいっきに切り離し、二枚におろす。写真は二枚名おろした状態。

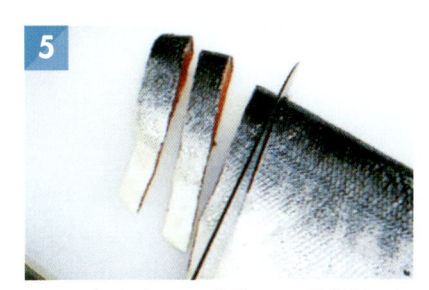

5

サケは中骨がついた状態のまま等間隔に切り、切り身にする。

6

切り身の場合は、頭のほうから斜めに切りそろえるのがポイント。

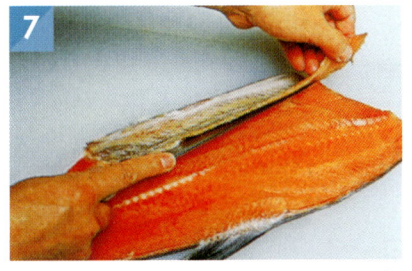

7

中骨がついていないほうの身は、腹骨の部分をすくうようにして取り除く。

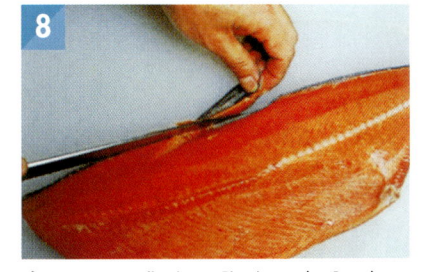

8

食べられない背ビレや胸ビレの部分は包丁で切り取っておく。

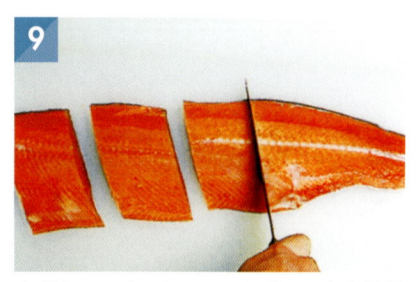

9 定規切りにするために、まずは、身を等間隔に切りそろえていく。

10 写真のように斜めに包丁を入れ、皮のところまで切る。包丁を大きく使うのがコツ。

11 皮のところまできたら一度包丁を立て、皮まで切って、切り身にする。

12 定規切りの完成。斜め切りより切り身が大きく見えて見た目がよい。

サケの親子ご飯

焼き鮭とイクラを同時に味わえるサケ好きにはたまらない一品!

材料 （4人前）

塩サケ	200g
ご飯	700g
白胡麻	大さじ1
イクラ	80g
三つ葉	1/2把

作り方

1 塩サケは焼いて骨を取り除き、ほぐしておく。
2 炊いたご飯に1と白胡麻を混ぜ合わせる。
3 器に盛り、イクラと2〜3cmの長さに切った三つ葉を散らす。

◆ 魚さばきの用語集 ◆

【中骨（なかぼね）】

魚の中央にある骨のこと。三枚おろしは、この中骨と上身、下身の三枚におろすことをいう。おろした中骨は捨てずに、塩を振って片栗粉をまぶし、150℃の油で揚げ、さらに180℃の油で二度揚げするとカリカリの骨せんべいとして楽しめる。

【振り塩】

魚に塩を振ること。また板に塩を振り、魚を皮目を下にしてのせて、上からも塩を振る。30cm前後の高さから振ると、魚にまんべんなく塩がかかる。塩は魚肉に作用すると、水分を抜き弾力性を生じさせるので、鮮魚よりも身がしまって旨い。

三平汁
さんぺいじる

アラから出た旨味がたっぷり！
具だくさんで主菜にもなりえる

材料（4人前）

塩サケの頭とアラ	1尾分
じゃが芋	2個
大根	100g
人参	50g
椎茸	4枚
長ねぎ	1/3本
水	4カップ
昆布	10cm
酒	大さじ2
塩	適宜
濃口しょうゆ	適宜

作り方

1 鍋に食べやすい大きさに切った塩サケ、四つ切りにしたじゃが芋、いちょう切りにした大根、半月切りにした人参、半分に切った椎茸、厚めの小口切りにした長ねぎ、昆布を入れ、水と酒を加えて火にかける。

2 煮立ったら昆布を取り出し、途中アクを取りながら材料がやわらかくなるまで煮る。

3 塩、濃口しょうゆで味を調える。

氷頭なます
ひず

こりこりした独特の食感が楽しい
お酒の肴としてもぴったり

材料（4人前）

サケの頭	1尾分
甘酢	
だし汁	100ml
酢	50ml
砂糖	大さじ2
大根	200g
イクラ	20g
柚子の皮	適宜

作り方

1 鮭の頭は梨割りにする（包丁で梨をさっくりと割るように真二つに切る）。

2 サケの頭の断面。上あごの三角形になっている部分が氷頭と呼ばれているところ。

3 口先、エラぶたを切り落とし、氷頭の部分を切り出す。

4 氷頭は薄切りにし一晩酢に漬け、軽く搾ったおろし大根、イクラ、甘酢と和え、刻んだ柚子の皮をのせる。

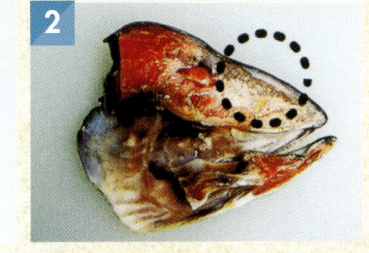

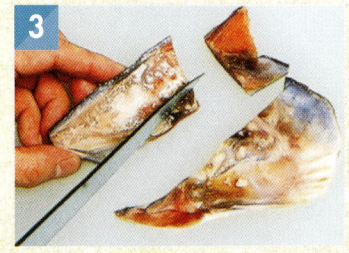

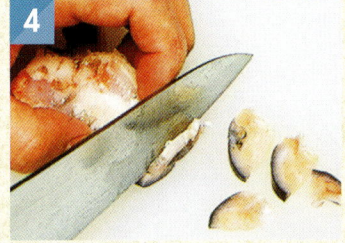

サヨリ【針魚】

春を告げる魚の一つ。透き通るような銀色の肌が
特徴で、締まった身は刺身で食べたい。

魚のツボ

分類／メダカ目、サヨリ科、サヨリ属

分布／日本全国

生態／腹の内側が黒い所から"腹黒"とも呼ばれる。臆病な性格で、大きな尾ビレで激しく水を打ち、水面を1m以上飛びながら逃げるという性格を持っている。

調理のポイント

旬の時期のサヨリは脂がのっていておいしい。鮮度が落ちやすい魚なので、すぐに調理するのがよい。銀色の肌は刺身や寿司ネタにすると、見た目も映える。

三枚おろし

1 尾から頭に向かって出刃包丁を滑らすようにしてウロコを取る。

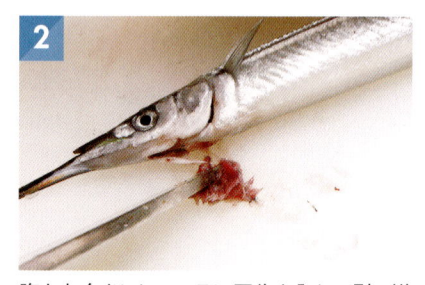

2 腹を上向きにし、エラに刃先を入れて引っ掛け、裏に返してエラを引き出すように取る。

3 腹に包丁を入れて肛門まで切り進め、内臓を取り出す。

4 腹の中の黒い汚れを丁寧に布巾で拭き、きれいに水洗いする。

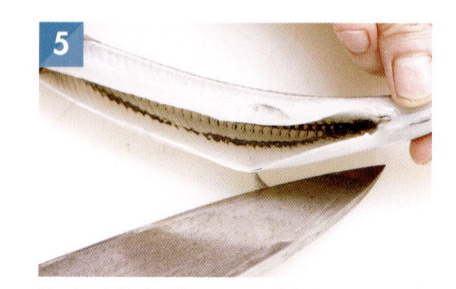

5 腹ビレを抜く。包丁でヒレを押さえつけ、魚を引っ張るようにして引き抜く。

6 柳刃包丁で頭のほうから中骨に沿って尾まで切り開き、身を切り離す。

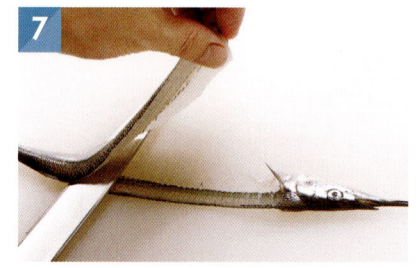

7 裏返して、反対側も同様に身を切り離す。

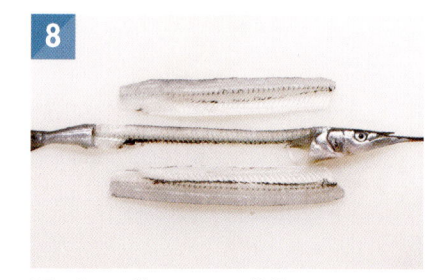

8 頭つきで三枚におろした状態。

木の葉作り

1 包丁を寝かせてすくうようにしながら腹骨を切り取る。

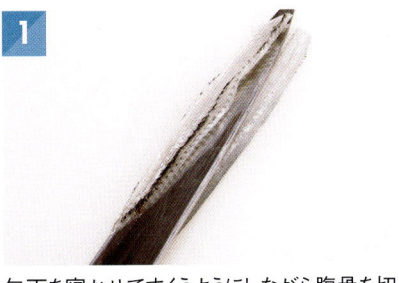

2 包丁の峰を皮と身の間に入れ、包丁を右に押しながら皮を剥ぐようにむく。

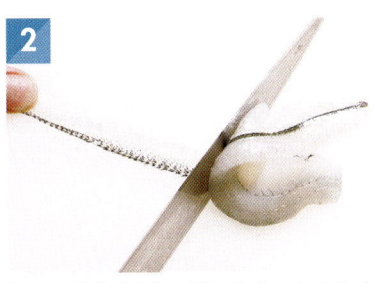

3 身を半分に切り、手前にずらして並べる。

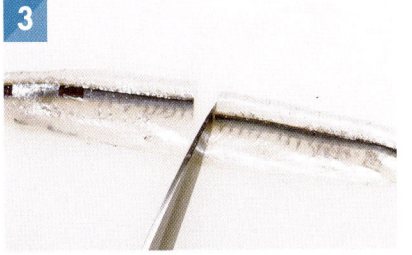

4 同様にして4分の1、8分の1まで切る。

5 包丁の腹を使い、切れ目を上に向けて切った身を立たせる。

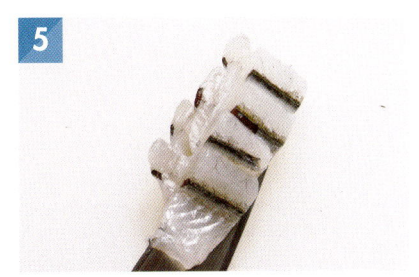

6 左右にぴたりと合わせて、木の葉に見立てる。これがいわゆる木の葉作り。

◆ 魚さばきの用語集 ◆

【木の葉作り】
サヨリやアジなどの小魚に用いる刺身作りの手法。藤の花に似ているので藤作りともいう。

木の葉作り

繊細な味を
上品な姿作りで堪能する

材料（1人前）

サヨリ	1尾
大根のつま	適宜
大葉	1枚
花穂	1本
わさび	適宜
むらめ	適宜

作り方

1 サヨリは三枚におろし、中骨の部分は輪切りにした大根に巻いて台座に利用する（左の写真を参照）。
2 身は木の葉作りにする。
3 作った台座に大根のつま、大葉を敷いて、木の葉作りを盛り、花穂、むらめ、わさびを添えて出来上がり。

台座を作る

サヨリの大きさに合わせて、大根を輪切りにする。中骨の頭の部分を爪楊枝で刺して止め、大根の周りを巻きつける。尾の部分は爪楊枝で止める。

さばいた魚の西洋・中華料理レシピ　▶P.148

サワラ【鰆】

シャープな形が特徴的な魚。淡白でクセの
ない白身は切り身にして焼き物にすると格別。

魚のツボ

分類／スズキ目、サバ科、サワラ属
分布／北海道南部より南側の日本海
沿岸、オーストラリア近海
生態／尖った口と、大きくて鋭い歯
のサワラ。成長の段階で呼び名が
変わり、大きさが 40〜50cm の若魚
はサゴシやサゴチと呼ばれる。50〜
60cm のものはナギ、1m に及ぶもの
をサワラと言う。

調理のポイント

身はやわらかくてもろい。刺身の他
に、白味噌に酒やみりんを加えた西
京焼きや、照り焼きが素材の味を活
かした料理の代表。ムニエルや蒸し
物にして食べても旨い。新鮮なサワ
ラは、身がかたく締まっている。

三枚おろし

1. 出刃包丁を横に動かしながら、ウロコを丁寧に取る。

2. 包丁をまっすぐにして頭を切り落とす。

3. 腹から包丁を入れて、腹を切り開く。さらに腹の中から内臓を取り出す。

4. 包丁で血合いをひっかくようにして取る。その後、水洗いをする。

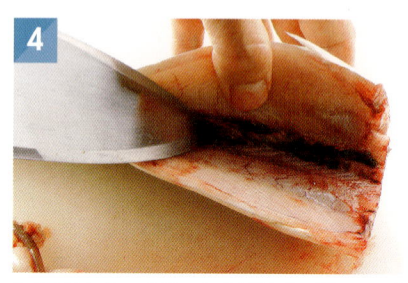

5. 腹ビレの上から包丁を入れて、尾に向かって切り進める。

6. 包丁を背ビレの上から入れて、頭に向けて切り進める。

7. 身と中骨を切り離す。尾のほうに返し包丁を入れ、頭のほうへ向けて包丁を入れる。

8. 二枚におろした状態。

9

中骨を上にして腹骨、背側に包丁目を入れ、中骨の下に包丁を入れて、身と骨を切り離す。

10

三枚おろしの完成。

切り身にする

3

切り身にする。柳刃包丁を斜めに入れて、手前に引くようにさばいていく。

1

返し包丁で腹骨に切れ目を入れてから、腹骨を切り取る。

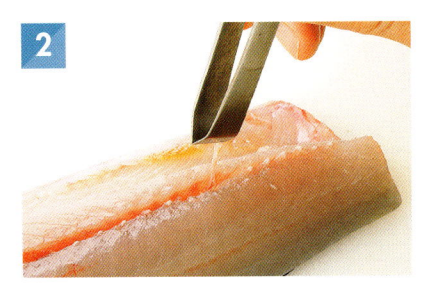

2

骨抜きで血合い骨を抜く。指で骨の位置値を確認しながら丁寧に行う。

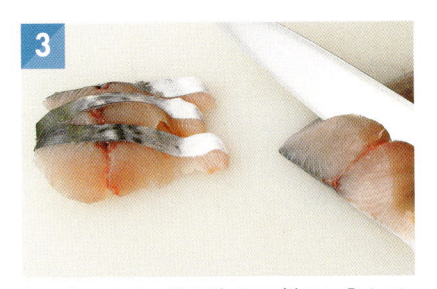

◆ 魚さばきの用語集 ◆

【五枚おろし】
表身、裏見のそれぞれを背身と腹身に分けるおろし方。中骨を合わせて五枚になる。

はさみ焼き

やわらかな弾力ある身を
料亭風の味つけで楽しむ

材料 （4人前）

サワラ	300g
竹の子	150g
練り胡麻	大さじ4
薄口しょうゆ	100ml
みりん	100ml
甘酢	適宜
谷中しょうが甘酢漬け	
（はじかみ）	適宜

作り方

1. サワラは水洗いして三枚におろし、そぎ切りにする。
2. 竹の子は薄切りにする。
3. 練り胡麻は薄口しょうゆ、みりんでのばす。
4. **1**、**2**を**3**に20分ほど漬け込む。
5. サワラと竹の子を交互に重ね、ハサミ串を打ち、焼き上げる。
6. 谷中しょうがは皮を薄くむき、お湯にくぐらせて甘酢に漬けこみ、はじかみを作る。
7. 器にはさみ焼きを盛り、はじかみを添える。

さばいた魚の西洋・中華料理レシピ　▶ P.155

シマアジ 【縞鯵】

天然ものは「幻の魚」と呼ばれるほどの高級魚。
程よい脂ののりと旨味で刺し身にするのがおすすめ。

三枚おろし

1 包丁を尾から頭に向かって動かしながらウロコを取る。

2 尾から包丁を入れ、前後に動かしてゼンゴ（ウロコ）を切り取る。

3 頭をたすきに落とす。背からカマ下に包丁を入れて切る。

4 腹を開いて、包丁で内臓を取り出す。

5 腹側に包丁を入れ、尾に向かって切り進める。

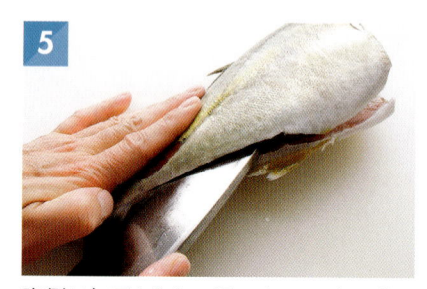

6 片身を中骨から切り離して、二枚におろした状態。

7 背側、腹側に包丁目を入れた後、尾の付け根を持って包丁を入れ、骨と身を切り離す。

8 三枚おろしの完了。二枚の身と中骨に切り分けた状態。

寿司用にする

9 腹骨を包丁ですくい取るようにして、切り取る。

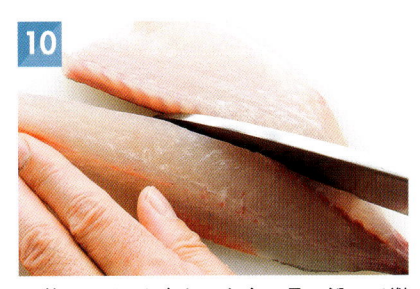

10 三枚におろした身を、血合い骨に沿って縦に切る。

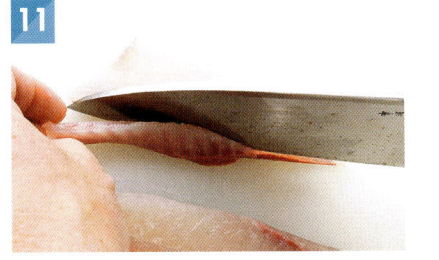

11 身についた血合い骨を切り取る。

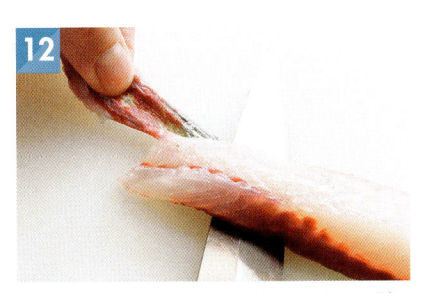

12 皮を下において、皮の間に包丁を入れ、引っ張りながら皮を剥ぐ。

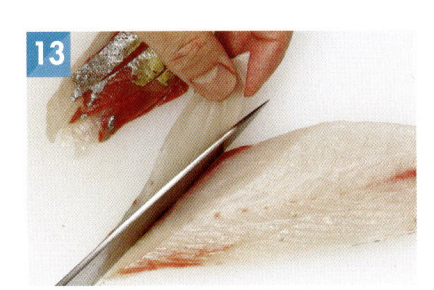

13 寿司のネタ用に、食べやすい大きさにそぎ切りする。

握り寿司

歯ざわりよくさっぱり
ひと口で広がる絶妙の旨み

材料

シマアジ	適宜
酢飯	適宜
わさび	適宜

作り方

1 酢飯を作り、程よい温度に冷ます。
2 シマアジはそぎ切りする。
3 寿司を握り、盛りつける。

◇ 魚さばきの用語集 ◇

【糸作り】
糸のように細長く引く刺身の作り方。身の薄い魚や、身の締まった白身などに用いられる。別名、細作り。

【洗い】
コイ、タイ、スズキ、などの白身をそぎ作りや糸作りにし、氷水で洗うこと。脂肪は抜け、身は引き締まる。

【姿作り】
頭と尾を中骨に残して三枚におろし、身を刺身にして元の魚の姿のように盛りつけること。

スズキ 【鱸】

夏の白身の代表格。新鮮な刺身で食べるのもよいが
洗いや焼き物にするとまた格別

筒切り

1

ウロコ引きで両面をまんべんなく取る。腹側についたウロコも取って、水洗いする。

2

胸ビレの上に包丁をまっすぐ入れる。

3

反対側も同様に切り入れ、頭を素頭に落とす。

4

切り口から手で内蔵をかき出す。白く見える脂も一緒に取りのぞく。

5

等間隔になるように、適当な厚さに切る。用途に応じで厚さを調節するとよい。

6

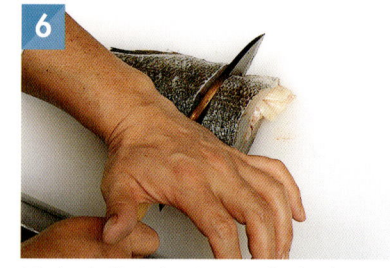

骨がかたく切れないときは、左手で包丁の背を押すようにして叩き切る。

7

腹を開いていないので、切り口はこのように背と腹がつながっている。

8

筒切りが完成した状態。煮物や焼き物にする際の切り方。

たで味噌焼き

淡白な白身を引き立てる
香ばしい味噌の香り

材料（4人前）

スズキの切り身	4切れ
白味噌	100g
卵黄	2個分
酒	50ml
みりん	50ml
砂糖	少々
たで	適量
谷中しょうが	適宜

作り方

1　スズキは筒切りにし、塩を振って焼いておく。
2　白味噌に卵黄、酒、みりん、砂糖を加え、鍋で練る。
3　練った味噌に刻んだたでを加え、すり鉢でよくすり合わせ、たで味噌を作る。
4　切り口にたで味噌を塗り、表面に焼き色がつくまで焼き上げ、谷中しょうがを添える。

◇ 魚さばきの用語集 ◇

【焼き霜作り】
魚の皮目を強火でさっとあぶり、焼き目をつけた刺身。カツオなど、旨みの多い魚に使う。

【上身（じょうみ）】
魚をおろし、骨を抜き、食べられない部分を取りのぞいた身のこと。場合によっては皮を引くこともある。

【薄作り】
フグやヒラメなど肉質が締まってかたい魚に用いる刺身の切り方。そぎ作りよりも薄く引く。

【扇串（おおぎぐし）】
手前を狭く、向こう側を広く、扇形に串を打つこと。片手で持ちやすい。末広串とも呼ぶ。

【陰干し】
直射日光を避けて、風通しのよい日陰で干すこと。室内でも風がよおく通る場所ならば、陰干しができる。

【尻ビレ】
腹側の肛門より尾側にあるヒレ。腹側を割るときは、この尻ビレあたりから包丁を入れるのが基本。

その魚、雷鳴のごとく

島根県の出雲地方で冬の季節に鳴る雷を「鱸落とし」と言う。これは、10月をすぎて雷が鳴りはじめると、スズキが島根県の宍道湖から一斉に外海へ出ていくという習性から来た言葉だと言われる。スズキは、川を下ってきた若魚のときに海の深みに移動し、水温が本格的に低下してくると、内湾の深みから外湾に出て冬を越す習性を持つと言われている。地元には宍道湖に落ちる落雷が海の深みにまで落ちるという話があり、スズキ独特の習性を連想させる。ちなみにスズキは海の魚だが、春から秋にかけて宍道湖に大群で入って来ることから、島根県の名物料理、「宍道湖七珍」にも数えられる。

三枚おろし

1 ウロコ引きでウロコを取る。

2 残ったウロコは、出刃包丁の刃を立てて取りのぞく。

3 エラに包丁を入れて、切りながら取りのぞく。

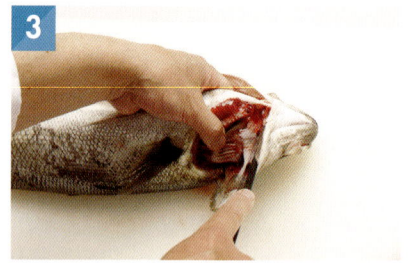

4 頭から肛門にかけて、腹を開いていく。

5 腹の中から内蔵を引き出す。

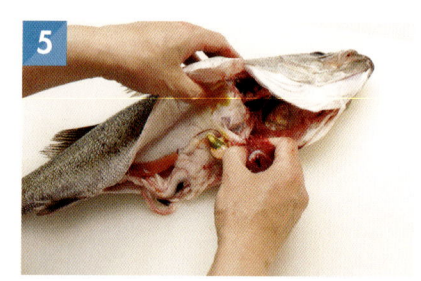

6 血合いの部分も包丁で取りのぞく。たわしで洗い落としてもよい。

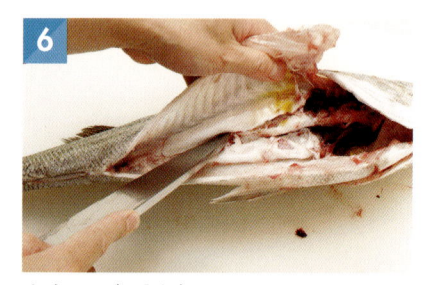

7 包丁を立てて、ななめに切り、頭をたすきに落とす。骨が硬いので裏からも切る。

8 腹をさばく。腹ビレの上から尾のほうまで切り進める。

9 裏返して背ビレに沿って切り進める。身の奥までしっかり切る。

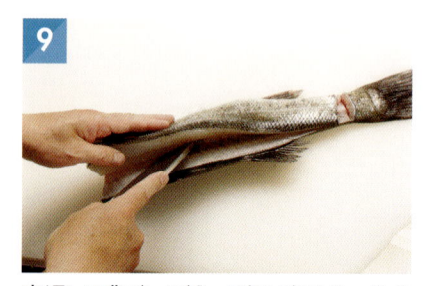

10 二枚におろした状態。

11 骨が付いているほうを裏返し、背びれに沿って切り進める。腹側も同様に切り進める。

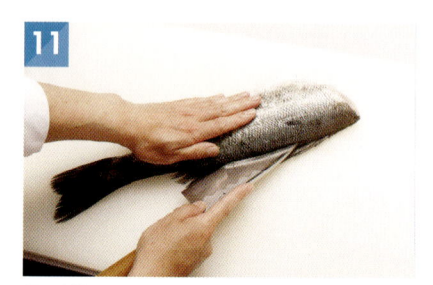

12 三枚おろしの完成。刺身にするため、腹骨はとりのぞいておく。

◆ 魚さばきの用語集 ◆

【野締め】
活き締め逆で、釣れた魚を氷水に入れて、そのまま放置して死なせること。

【こけ引き】
ウロコとりの別名。魚のウロコを取りのぞくための道具。

刺身にする

1 出刃包丁で血合い骨に沿って切り進め、背と腹の身を切り分ける。

2 3つに切り身が分かれた状態。

3 皮を剥ぐ。包丁とまな板を平行に保ち、皮を引きながら剥ぐ。

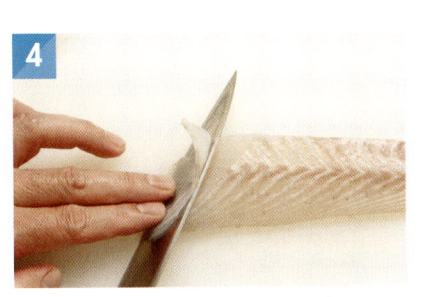

4 切り身を左端からそぎ切りにし、刺身にする。薄く引いていくと味がよい。

洗い

洗いでクセが取れたスズキは
歯ごたえがよくさっぱりとした味わいに

材料（4人前）

スズキ	適宜
氷	適宜
笹の葉	適宜
花穂	適宜
わさび	適宜
みょうが	適宜

作り方

1 スズキは水洗いして三枚におろし、腹骨を取りのぞく。背と腹に切り分け、皮を引く。
2 身を薄くそぎ切りにして、氷水で洗う。洗うことによってクセが抜け、食べやすくなる。あまり新鮮でないものは、60℃くらいのお湯で洗ってから氷水で冷やすと身が締まる。
3 水気をしっかりとふき取り、笹の葉を敷いた器に盛る。花穂、わさび、みょうがを添えて出来上がり。

ソイ【曹以】

黒い体には美食家を虜にする甘みのある身が。
素材をいかすには刺し身か煮付けがおすすめ。

魚のツボ

分類／カサゴ目、フサカサゴ科、
メバル属
分布／日本各地、朝鮮半島など
生態／岩礁帯に潜み小魚や甲殻
類を捕食するソイ。目の前に現
れた餌に突然飛びかかって捕食
するという、荒々しい習性を持つ。
4種類存在するソイ類の中で、
高級なのがクロソイ。

調理のポイント

そいの素材を活かすには、煮付
けや刺身にするのがよい。刺身
は三枚におろした身を冷蔵庫で
一日置くことで、旨みが増す。

ぶつ切り

1 出刃包丁の刃先でウロコを取る。

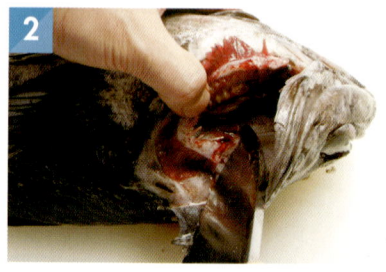

2 エラを取る。エラの下から包丁を入れ、エラ
を取り出す。

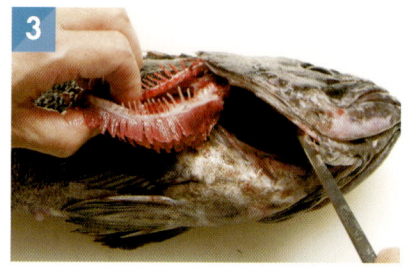

3 裏に返して、エラの下から包丁を入れ、エラ
を取り除く。

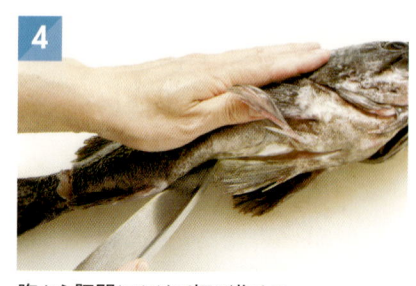

4 腹から肛門にかけて切り進める。

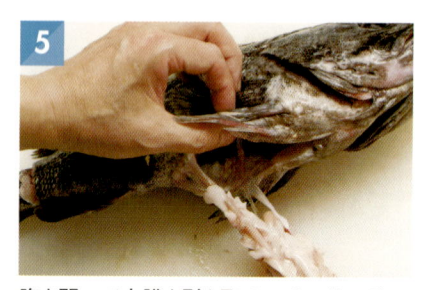

5 腹を開いて内臓を引き取る。その後、腹の
中を水洗いする。

6 頭をたすきに落とす。かたい場合は叩き切
ればよい。

7 二枚におろす。まずは中骨に沿って、腹か
ら尾まで切れ目を入れる。

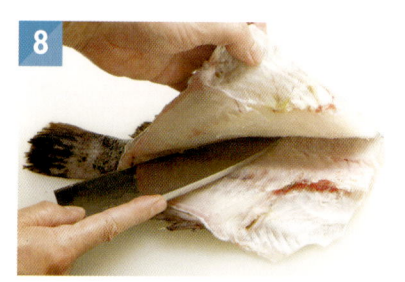

8 中骨に沿って背側まで切り進め、身を切り
離し、二枚におろす。

9 尾ビレを切り取る。

10 三等分くらいの食べやすい大きさの切り身にする。上から手で叩いて、骨ごと切る。

11 煮付けの汁がよく染み込むように飾り包丁を入れる。

12 二枚におろしたソイをぶつ切りにし、煮付け用の切り身にした状態。

13 ヒレは尖っていて危ないので、料理するときは忘れずに切っておく。

煮つけ

身に染み込んだ煮汁をじっくりと味わいたい

材料（4人前）

ソイ	1尾
調味料	
水	300ml
酒	300ml
みりん	100ml
濃口しょうゆ	100ml
砂糖	大さじ3
しょうが	適宜

作り方

1 ソイは水洗いして、二枚におろす。
2 切り身にして湯通しし、冷水に取る。これを霜降りにするという。
3 鍋に水、酒、みりん、濃口しょうゆ、砂糖を入れて沸かし、ソイを並べ入れる。落し蓋をして中火で10分ほど煮る。
4 器に盛り、煮汁をかけ、針しょうがを添える。

さばいた魚の西洋・中華料理レシピ　▶ P.154

三枚おろし

1 ウロコを取り、内臓を取り出す。エラを取った後、かまの部分に切れ目を入れる。

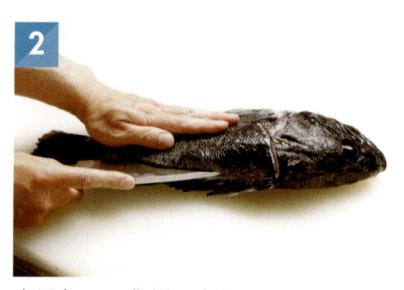

2 出刃包丁で背側に中骨に沿って切り進める。

3 腹の部分までいっきに切り進め、二枚におろす。

4 裏側にして、包丁を腹から入れ、3と同様に切り進める。

5 骨に沿って尾まで切り進めたら、身を切り離す。これで三枚におろした状態。

平作り

1 出刃包丁に持ち替えて、身についた腹骨（すだれ骨）をすくい取るように切る。

2 血合い骨に沿って、背と腹を切り分ける。

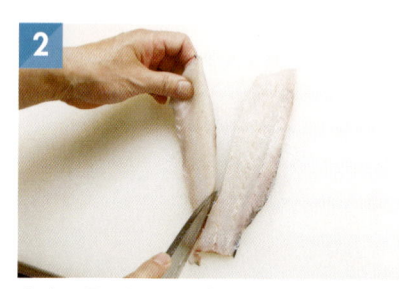

3 血合い骨のついた身を包丁で分け、取りのぞく。

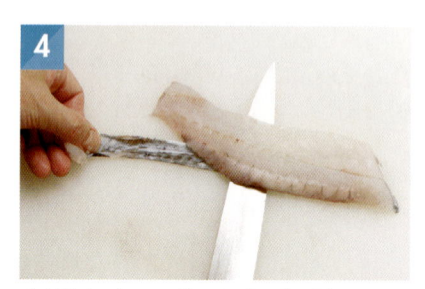

4 皮を引く。包丁は動かさず、皮を引っ張るのがコツ。

5 切り身は、5mm 大の食べやすい大きさに引くように切る。

◆ 魚さばきの用語集 ◆

【血抜き】
活きている魚の血を抜くこと。頭の付け根あたりにある太い血管を切る。血抜きをするか否かで、魚の保存状態も味も大きく変わる。

【腹開き】
背開きとは反対に魚の腹側を開くおろし方。背側はつながったまま。主に小型の魚を開くときに用いられる。

台座を作る

大根に二本の爪楊枝を刺す。この台座を
二つ用意しておく。

頭を台座に刺して止める。

尾のほうも同様に刺して止める。指を刺さな
いように注意。

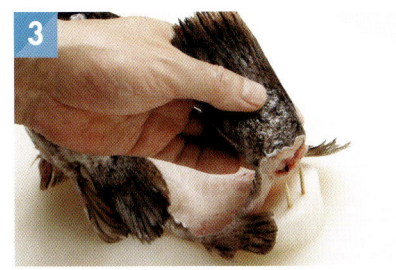

姿作りの台座が完成。

姿作り

まるで生きているような刺身盛り
上質な素材を余すとこなく堪能できる

材料

ソイ	1尾
大根	適宜
しその葉	適宜
にんじん	適宜
きゅうり	適宜
花穂じそ	適宜
むらめ	適宜
わさび	適宜
海草	適宜

作り方

1 ソイは水洗いして、姿作り用に頭をつけて三
　枚におろす。
2 腹骨を取りのぞき、背と腹に切り分ける。
3 台座を作り、頭と尾びれを立てる。
4 ソイの皮を引き、刺身にする。
5 皿に3を盛り、大根とにんじんのけん、大葉
　をのせ、ソイの刺身を盛る。よりにんじん、
　よりきゅうりを散らす。手前に花穂、むらめ、
　わさび、海草を添える。

タイ 【鯛】

桜色の美しい体が持つ、誰もが認める極上の身。
アラまで余すところなく味わいたい。

三枚おろし

1 ウロコを取る。ウロコ引きでしっかりとウロコを取る。アゴの下も残さないようにする。

2 下アゴから包丁を入れ、エラを切り離す。

3 カマ下に包丁目を入れる。

4 背を手前にして、頭から尾まで包丁目を入れる。

5 中央から腹側に向かって切り進める。

6 片身を切り離し、二枚におろす。

7 裏に返して、カマ下をたすきに切る。

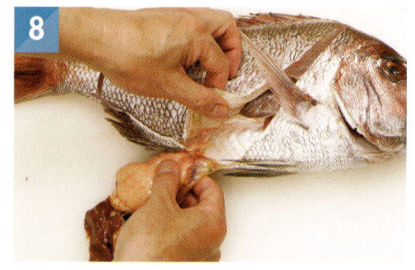

8 内臓を取り出して、きれいに水洗いする。

腹から尾に向かって切り進める。中骨に沿うように切る。

背ビレのほうまで切り進んだら、身を尾から切り離す。

三枚おろしの完成。

かぶとに さばく

左手で頭を押さえ、2本の前歯の奥に向けて包丁の刃先を入れる。

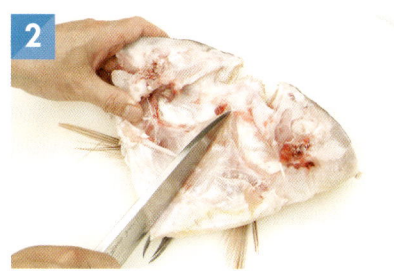

そのままタイの頭を真っ二つに切る。形が似ているので、この状態をかぶとと呼ぶ。

かぶと煮

大胆に割った頭を煮て
濃厚な旨みを楽しむ

材料（4人前）

タイの頭	1尾分
ごぼう	1/2本
水	300ml
酒	150ml
みりん	150ml
砂糖	大さじ5
濃口しょうゆ	大さじ5
たまりじょうゆ	大さじ2
しょうが	適宜
木の芽	適宜

作り方

1 タイの頭をかぶとにさばき、湯通しして、冷水の中でウロコと血合いを取る。
2 鍋にタイの頭、せん切りにしたごぼう、水、酒を加え、落とし蓋をして煮込む。
3 途中でみりん、砂糖、濃口しょうゆ、たまりじょうゆを加える。
4 煮汁が半分ほどになったら、煮汁をかけ、タイの表面に照りを出す。
5 全体にとろみが出てきたら火を止める。
6 しょうが、木の芽を添えて出来上がり。

皮霜作り

1 皮目を上におき、その上に布巾をかける。布巾の上から熱湯をかけて湯通しする。

2 あらかじめ用意しておいた氷水にすぐに身を入れて、熱が通りすぎるのを防ぐ。

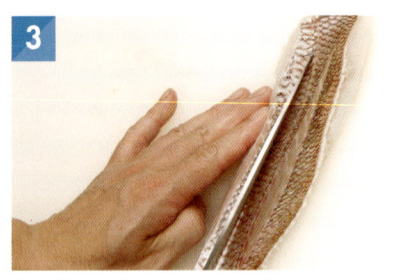

3 皮の部分に包丁目を入れ、食べやすくする。

4 手前に引くように切っていく。

5 刺身の完成。

◆ 魚さばきの用語集 ◆

【鹿の子包丁（かのこぼうちょう）】
材料に縦横、あるいは斜めに格子状に包丁目を入れること。イカなどのかみ切りにくいものに用いる。

さく取りする

1 三枚におろしたら、腹骨をすくい取るようにして切り取る。

2 血合い骨に沿って、腹と背側の身に切り分ける。

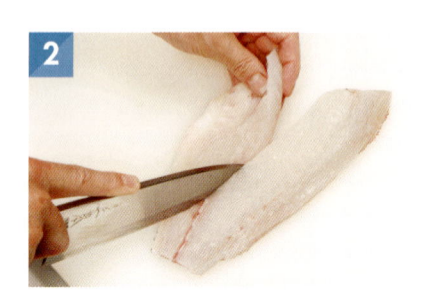

3 血合い骨の部分の身を切り取る。

4 さく取りした状態。

台座を作る

1

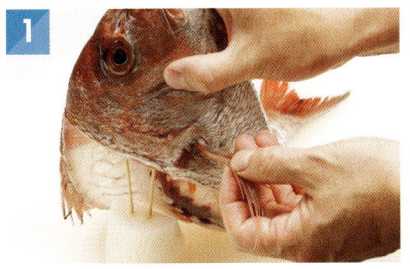
2

斜めに切った大根に、適当な長さの爪楊枝を刺し、タイの頭を刺して止める。

同様にして、尾の部分も刺して止める。

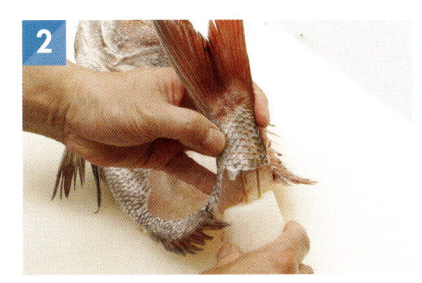
3

両側の胸ビレをエラの中に入れて、ヒレの形がきれいに見えるように止める。

◇ 魚さばきの用語集 ◇

【唐草作り（からくさづくり）】
材料に包丁目を入れ、加熱したり冷水にさらしたりして切れ目を丸め、唐草模様に見えるようにすること。

頭をさばく

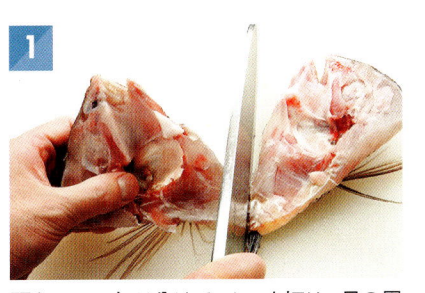
1

2

頭を2つに切り分けて、ヒレを切り、目の周りや、アゴを切り離す。

頭をさばき終わった状態。

姿作り

中骨を利用した立体感のある盛り付けで豪快に食す

材料（4人前）

タイ	1尾（1.5kg）
大根	適宜
大葉	適宜
花丸きゅうり	適宜
花穂	適宜
いかり防風	適宜
わさび	適宜

作り方

1 皿に台座をのせ、頭と尾ビレを立てている台座を、大根のツマで覆う。
2 骨の上に大葉を敷き詰め、タイの刺身を2列にして盛る。
3 刺身の周りに花丸きゅうり、花穂、いかり防風、わさびを彩りよく添えて出来上がり。

潮汁（うしおじる）

凝縮されただしが溶け込んだシンプルながら奥深い味わい

材料（4人前）

タイの頭と中骨	1尾分
水	1000ml
酒	100ml
昆布	10cm
塩	少々
うど	適宜
木の芽	適宜

作り方

1 頭と中骨に塩を振り、30分以上おく。
2 頭を湯通しして、臭みを抜く。
3 水、酒、昆布、タイのアラを入れ、火にかけて沸騰してきたら昆布を取り出し、アクを取る。
4 十分に旨みがでてきたら、だし汁を布巾でこして、塩で味を調える。うどと木の芽を添えて出来上がり。

ヒラメ【鮃】

左に目があるのがカレイとの違い。骨の上に
切り込みを入れて、五枚におろして調理する。

魚のツボ

分類／カレイ目、ヒラメ科、ヒラメ属
分布／北海道沿岸から日本南部
生態／沿岸部の水深100〜
200mの砂泥底に住む。3〜7月
の産卵期は水深30〜40mまで
浮いてくる。日中は砂に体を隠し
てじっとしており、夜になると盛ん
に動いて小魚などを捕食する。

調理のポイント

引き締まった身が特徴で、刺身
として食べるのが一般的である。
身を傷つけないよう気をつけなが
らウロコを取るのがポイント。腹側
が白くてつやがあるものが新鮮な
証拠。

五枚おろし

1 尾から頭へ、柳刃包丁でウロコをそぎ取る。身を傷つけないように刃は横に寝かせる。

2 表のウロコが取れた状態。ヒレの周りは特に入念に。

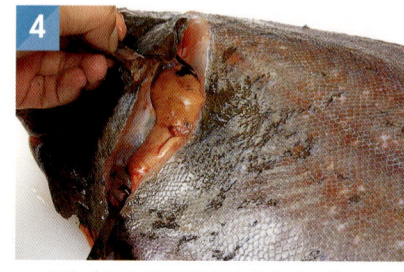

3 腹側のウロコを取る。家庭ではウロコ引きを使うと便利。

4 カマ下に斜めに出刃包丁を入れる。苦みの元の胆嚢があるので、内臓を傷つけないように。

5 裏側も同じように切り込みを入れ、頭を切り離すと同時に内臓も一緒に取り出す。

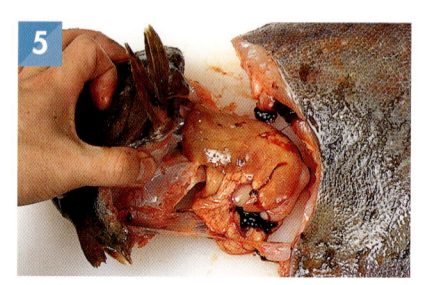
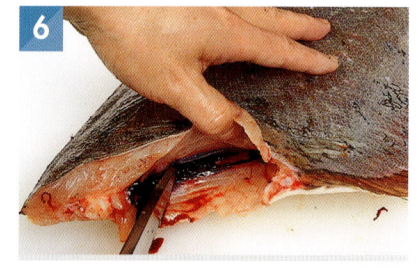

6 血合い部分に包丁で切り込みを入れ、血合いを取り、きれいに水洗いをする。

7 体の中央に線があるので、それを目安に中骨に沿って縦に切り込みを入れていく。

8 尾まで縦に切り込みを入れ、次に尾のつけ根に切り込みを入れる。

腹骨に沿ってヒレのほうへ包丁を入れていく。しのぎを骨の上ですべらせる感覚で。

腹身をおろした状態。腹骨に身を残さないように心がける。

頭を手前にし、同様に包丁を入れていく。

中骨に沿って尾まで切り込みを入れていく。

裏面も中骨に沿って縦に切り込みを入れていく。

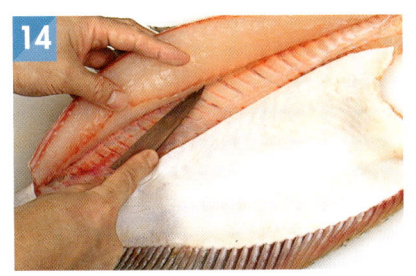

五枚におろしていく工程は、小回りのきくペティナイフを使用してもよい。

五枚おろしの完成。骨と四枚の身にさばかれた状態。

◆ 魚さばきの**用語集** ◆

【燻製（くんせい)】
塩漬けにした食品を脂の少ない木を焚いた煙で燻した食品。香りづけとして、チップにみかんの皮の乾燥したものやローズマリーを足してもよい。

刺身を引く

身のヒレ側にあたるエンガワを切り取っておく。

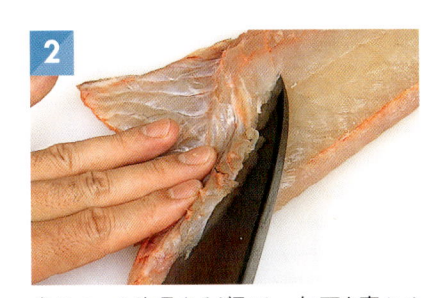

身についた腹骨をそぎ取る。包丁を寝かせて、骨に向かってなるべく薄くそいでいく。

皮の付近まで達したら。包丁を立てて皮ごと切り離す。

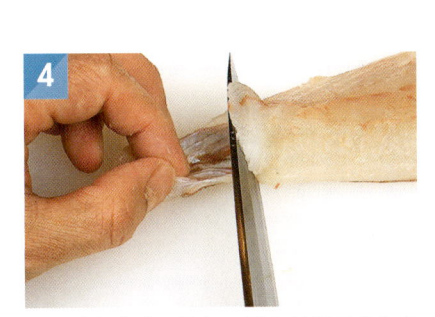

尾の皮を左手で持ち、尾の付近の身と皮の間に包丁を入れる。

左手で皮を引っ張りながら、いっきに皮を引いていく。いっきに行わないと、身に傷がつく。

6

皮を引き終えた状態。身の美しい模様がはっきりと見える状態が理想。

7

切り取ったエンガワの皮も同様に引く。

8

薄くそぎ切りにする。包丁は斜めに寝かせ、手前に引いて切るとなめらかな切り口になる。

9

切るときは、包丁を立てて身を切り離す。

◆ 魚さばきの用語集 ◆

【昆布締め】
魚に軽く塩を振った後、昆布の間に挟んで昆布の味を染み込ませる調理法。富山県の郷土料理の一つでもある。

薄作り

身を薄くそぎ切りにし
花弁のように盛りつける

材料

ヒラメ	適宜
あさつき	適宜
もみじおろし	適宜
大葉	適宜
花穂じそ	適宜

作り方

1 薄く引いたヒラメを皿の上に時計反対回りに並べていく。
2 皮はさっと湯通しして、適当な大きさに切る。
3 エンガワは大きめのぶつ切りにしておく。
4 あさつきは4cm程度の長さに切りそろえておく。
5 皿の中央に大葉を敷き、その上にもみじおろしをのせる。
6 ヒラメの皮、エンガワ、あさつき、花穂しそを美しく盛りつける。
7 身をあさつきや皮に巻いてポン酢しょうゆでいただくと実に旨い。

マグロ 【鮪】

世界で生産されるうち25％を日本人が消費するというマグロ。
赤身に中トロ、大トロ、さまざまな部位を味わおう。

赤身　中トロ　大トロ

魚のツボ

分類／スズキ目、サバ科、マグロ属

分布／クロマグロは北半球の熱帯・温帯海域に広く分布し、ミナミマグロは 南半球の南緯30度〜60度位までの亜熱帯・温帯海域に分布。

生態／全世界の熱帯・温帯海域に広く分布する。種類により分布域や生息水深が異なる。泳ぎを止めると窒息するため、眠りながらでも泳ぐ。肉食のため、表層・中層性の魚類、甲殻類、頭足類などを捕食している。

調理のポイント

一般的にスーパーで購入できるのはサク。新鮮なものは刺身で食べるのが最も美味。軽く炙るなどして食べるのもよい。

平作り

1 包丁を左へねかせるように置き、手前に引く。左手でサクをやさしく押さえる。

2 包丁のあごから刃先まで使い、下へスーッと一気に引き切る。

3 切り離したら、そのまま切り身を右へ寄せていく。

4 角がピンと立った平作りの完成。断面も滑るようになめらか。

そぎ切り

1 包丁を右側にねかせるようにおき、左側へそぎ切っていく。

2 切り離すときは包丁を立てて、そのまま引くようにして切り離す。

湯霜作り

1. サクを熱湯にさっと通す。色が変わったらすぐに取り出す。

2. あらかじめ用意しておいた氷水に、サクをつけ加熱を防ぐ。

3. 包丁を寝かせ、斜めにそぎ切りする。表面が崩れないよう、一気に引き切る。

4. 湯霜作りの完成。表面にだけ熱が入り、境目がはっきりとしている。

角作り

1. サクを縦半分に切り、サイコロ状になるように等間隔に切っていく。

2. 角作りの完成。やはり角が崩れずピンと立っている方が美しい。

バラ作り

1. サクをそぎ切りにする。断面を大きくするため、包丁は深く寝かせる。

2. 少し重ねて縦に並べる。手前から奥になるにしたがい、身が小さくなるようにする。

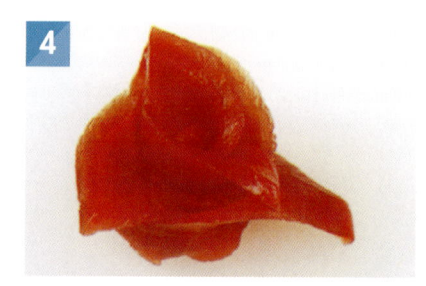

3. 手前から奥へくるくると巻く。盛り箸などを使い、身を崩さないようにする。

4. 花弁が完成。手前に大きな切り身を置くことで美しくまとまる。

5. 固茹でした卵の黄身を裏ごし、裏ごし器についた形のままバラの中央にあしらう。

6

バラ作りの完成。鮮やかな赤身と黄身の色が美しい。

磯辺巻き

1

サクの形に合わせて切った海苔の上にサクを置き、海苔でまわりを覆う。

2

一旦包丁を押して海苔を切ってから、一気に引いて身を切る。

3

完成。断面が美しい。海苔の風味と赤身の味がよく合っている。

まぐろの刺身 彩々

切り身によって風味が違う刺身の味比べをするのもまた楽しい。

マグロは採れた海や場所、その部位によって味が大きく違う。その味の違いを楽しむには刺身が最も適している。また、一口に刺身といっても、さまざまな切り方がある。ここで紹介した切り方以外にもさまざまな手法があるので、いろいろ試してみよう。

◇ 魚さばきの用語集 ◇

【逆さ包丁】
刃先を上に向けた状態の包丁の柄を握る切り方。腹骨をすく工程で、腹骨と小骨の接合部を切り離すときに用いる。

【エラ】
魚の呼吸器官。食用には適さないので取りのぞく。エラぶたは、エラを外側から保護する骨質の薄い板のこと。

さばいて
食す

【煮物編】

身のふっくら感を堪能！

しょうゆベースの煮汁が新鮮な魚の身にじわじわと吸い込まれる。ひと口食べれば、至福の味が口いっぱいに広がるだろう。白身魚におすすめ。

クセがなくコクのある身だから
シンプルな味付けが一番

カワハギの煮つけ

【材料】4人分

カワハギ	4尾
煮汁（4人前）	
しょうゆ	大さじ2
みりん	大さじ3
酒	1カップ
白髪ねぎ	適宜
しょうが	適宜

【作り方】　▶ さばき方はP24へ

1. くちばしを切り落とし、目の下に切れ目を入れて内臓からキモだけを取り出し、他は戻しておく。このとき頭が取れてしまわないように注意する。切り口から皮を剥いで、下処理をする。
2. 煮汁を煮立てた鍋に、カワハギを入れ、落とし蓋をする。時々、煮汁をカワハギにかけて味が均一になるようにする。
3. 煮上がったカワハギを器に盛り、煮汁をかける。白髪ねぎとおろししょうがを添えて出来上がり。

イシモチの煮つけ

【材料】4人分

イシモチ		1尾
煮汁	しょうゆ	大さじ2
	みりん	大さじ3
	酒	1カップ
白髪ねぎ		適宜
しょうが		適宜

【作り方】　▶ さばき方はP8へ

1. イシモチはウロコ、エラを取り、腹を開いて内臓を取り出す。味が染み込むように、飾り包丁を入れる。
2. 煮汁を煮立てた鍋に、イシモチを入れ、落とし蓋をする。時々、煮汁をイシモチにかけて味が均一になるようにする。
3. 煮上がったイシモチを器に盛り、白髪ねぎ、おろししょうがを添えて出来上がり。

適度にのった脂が溶け込み
絶妙なコクと旨みをもたらす

3章

軟体・甲殻・貝類をさばく

タコやイカなどの軟体類、エビなどの甲殻類をさばく機会はなかなかないだろう。
しかし、他の魚同様、一度覚えてしまえば、一生身につくものだ。
さらに調理の幅も広がるので、一石二鳥ものなのだ。

イイダコ 【飯蛸】

一口大の小さなイイダコ。新鮮なものは身がやわらかく美味。
バラエティーに富んだ調理でさまざまな味を楽しめる。

下処理

1 食べやすくするために出刃包丁で足を切りそろえる。

2 くちばしと両目を刃先で取りのぞく。

3 頭をひっくり返して、内臓とスミ袋を取りのぞく。

4 塩もみをしてぬめりと臭みを取り、水洗いする。

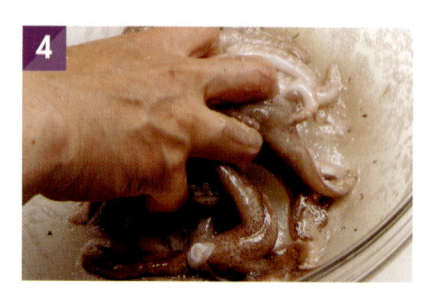
5 水気を取り、さっと湯通しして、すぐに冷水に入れる。

◈ 魚さばきの用語集 ◈

【脂ビレ】
サケ類やハダカイワシ類の背ビレ後方に生える小さなヒレ。種類によってはない魚もいる。その働きについては不明。

【貝柱】
二枚貝の殻を閉じるための筋肉。正式には閉殻筋（へいかくきん）という。種類によって2本あるものと1本しかないものがある。

酢の物　素を染み込ませ、さっぱりといただく

材料（4人前）

イイダコ	4杯	みりん	50ml
しょうが酢		しょうが（汁）	少々
酢	50ml	きゅうり　1本	
薄口しょうゆ	50ml	みょうが　2個	

作り方

1　湯を沸かし、下処理したイイダコを塩茹でし、ざるに上げて冷ます。冷めたら食べやすい大きさに切り、しょうが酢に漬ける。
2　きゅうりは蛇腹に切り、塩水に漬けてしんなりさせたら、しょうが酢に漬ける。
3　みょうがは茹でて半分に切り、しょうが酢に漬ける。
4　イイダコ、きゅうり、みょうがを器に盛り、しょうが酢をかけて出来上がり。

から揚げ　一口大のから揚げは酒のつまみにもぴったり

材料（4人前）

イイダコ	8杯	片栗粉	適宜
A		揚げ油	適宜
薄口しょうゆ	さじ3	ししとう	4本
酒	大さじ3	レモン	1/2個

作り方

1　下処理したイイダコはAに漬けて10分ほど置く。ししとうは素揚げする。
2　イイダコの水気を拭き取り、片栗粉をまぶし、170℃の揚げ油できつね色になるまで揚げる。
3　ししとうとレモンを添えて、出来上がり。

芋ダコ　里芋との相性がよい家庭的な温かさの煮物

材料（4人前）

材料		酒	大さじ3
イイダコ	8杯	みりん	大さじ3
里芋	12個	濃口しょうゆ	大さじ3
合わせ調味料		砂糖	大さじ1
だし汁	2カップ	木の芽	適宜

作り方

1　イイダコの足を切りそろえる。目、口、スミ袋を取りのぞいて塩もみし、水洗いする。2〜3秒間、湯に通し、冷水に落とす。
2　里芋は皮をむき、下茹でして水にさらす。
3　鍋に下茹でした里芋を入れ、合わせ調味料を加えて弱火で煮る。
4　10分間ほど煮たら、1で処理したイイダコを加え、さらに5分間煮る。
5　器にイイダコと里芋を盛り、煮汁をかけ、木の芽を添える。

マダコ 【真蛸】

重量感のある手応えから釣り人の人気も高いマダコ。
独特の歯ごたえと甘みのある身が極上の味わい。

下処理

1 タコの足を切りそろえる。

2 頭の内側に包丁を入れ、内臓を取り出す。

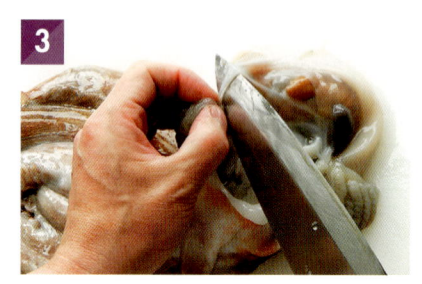

3 頭をひっくり返して筋を切る。

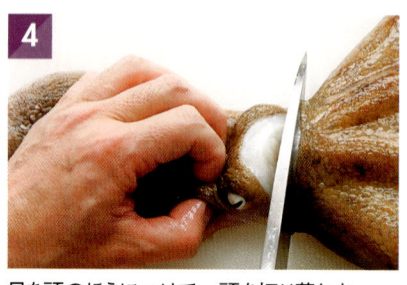

4 目を頭のほうにつけて、頭を切り落とす。

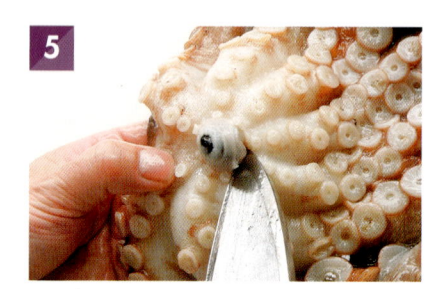

5 くちばしを取りのぞく。

6 同様に目を取り除く。

7 足に塩をまぶし、一本ずつ丁寧にもみ洗いする。

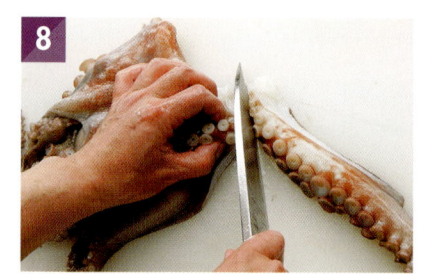

8 水で塩、ぬめりを洗い流した後、足を一本ずつに切り離す。

やわらか煮

歯ざわり、舌ざわりのよい
煮もの料理

材料

マダコの足	適宜	かぼちゃ	適宜
大根	適宜	蓮芋	適宜
煮汁	適量	にんじん	適宜

作り方

1　下処理したタコの足を大根でまんべんなく叩く。
2　さっと湯通しして冷水に取り、水気を拭く。
3　ボウルにタコを入れ、合わせた煮汁を張り、きっちりとラップにかける。
4　蒸し器に入れ、強火で約2時間蒸し煮にする。煮汁が冷めるまでおいておく。
5　食べやすい大きさに切り、かぼちゃ、蓮芋、にんじんを盛り合わせる。

湯引き～タラコ和え～

淡白な身に程よくついた塩味
素材のよさを味わいたい人に

湯引きする

吸盤をまな板につけ、切り
込みを入れる。

マダコの足をはぐ。

目打ちをまな板に打ち、そぎ
切りにする。

そぎ切りにしたタコを湯引き
する。

材料

マダコの足	適宜	みりん	適宜
タラコ	適宜	きゅうり	適宜
酒	適宜	花穂じそ	適宜

作り方

1　下処理したマダコの足の皮をむく。
2　そぎ切りにして60度くらいの湯に通し、氷水に取る。
3　タラコをほぐして煮る。アルコール分をとばした酒とみりんで味を調える。
4　タコときゅうりを3で和えて器に盛り、花穂を添える。

コウイカ 【甲烏賊】

胴に硬い甲羅を持つイカの王様格。調理は内蔵を
取ってよく水洗いし、薄皮も丁寧に剥いで食す。

魚のツボ

分類／十腕目、コウイカ科
分布／本州中部以南
生態／胴長 20cm くらいで、背側には横しまがある。甲羅は石灰質の舟形で幅広く、後端の棘が鋭いのが特徴。旬になると、内湾に集まって繁殖するため、この時期が釣りの狙い目。

調理のポイント

身はやわらかく、甘みがある。刺身や寿司、サラダ、和え物にすればコウイカ独特の歯当たり、喉越しが楽しめる。焼き物、揚げ物にしても旨い。透明感のあるものがよい。

処理

1 外皮に出刃包丁で切れ目を入れる。

2 切れ目から甲羅を取り出す。

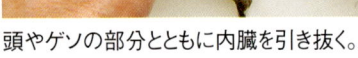

3 頭やゲソの部分とともに内臓を引き抜く。

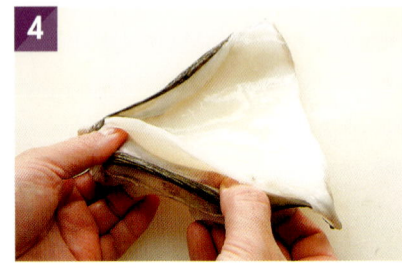

4 身と皮の間の部分に指を入れる。

5 身と皮をゆっくり引きはがす。

6 身の下側に浅く切り込みを入れる。

7 切り込みをつかんで薄皮を剥ぐ。

バラ作り

身についている突起を取る。

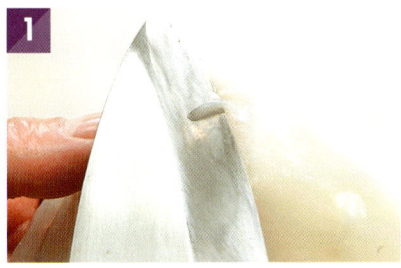

柳刃包丁で身を半分に切り分ける。

包丁を斜めに入れてそぎ切りにする。

縦に並べて巻いて、形を整える。

バラ作り
繊細なバラの形が美しい
上品な一皿

材料

コウイカ	適宜
とびこ	適宜
焼きのり	適宜
菊花	適宜
わさび	適宜

作り方

1 コウイカはそぎ切りにして、少し重ねながら縦に並べ、手前から奥へ巻いていく。
2 形を整え、中央にとびこを添えて、器に盛る。
3 水で戻した焼きのり、菊花、わさびを添える。

かき揚げ
パリッとした衣と
独特の歯ごたえを楽しむ

材料

ゲソとみみ	適宜
玉ねぎ	適宜
長ねぎ	適宜
生しいたけ	適宜
みつ葉	適宜
小麦粉（下粉用）	適宜
衣	
冷水	適宜
薄力粉	適宜
卵	適宜
揚げ油	適宜

作り方

1 ゲソとみみは食べやすく刻む。
2 玉ねぎは厚めに刻む。長ねぎ、生しいたけは厚めの小口切りにする。みつ葉は3cmくらいに切りそろえる。
3 材料をボウルに入れ、下粉用の小麦粉を加え全体に混ぜる。
4 3に衣を加え、おたまなどで型を整えながら揚げ油で上げる。

スルメイカ 【鯣烏賊】

古くから日本人に親しまれてきたスルメイカ。
刺し身で食せば、甘みがじわっと口に広がる。

魚のツボ

分類／十腕目、スルメイカ科、スルメイカ属

分布／日本近海各地

生態／水深 80 〜 150m の岩礁帯や砂地を群れで回遊する。胴の中央部がややふくらんだ筒型の体型。全長 30 〜 50cm。スルメに加工することからこの名がつけられた。

調理のポイント

煮物にする場合はイカを煮すぎないようにする。煮物の他に、刺身や天麩羅と調理の幅が広いのが特徴だ。目は黒く澄んでおり、形ははっきりしていて潰んでいないものがよい。

さばく

1 足と胴体をつないでいる軟骨を持ち上げるようにしてはずし、足を引っぱって内臓を取り出す。

2 足と胴体に分かれた状態。このとき細長い軟骨も一緒に取る。

3 内臓についている墨袋を手で潰さないように取りのぞく。

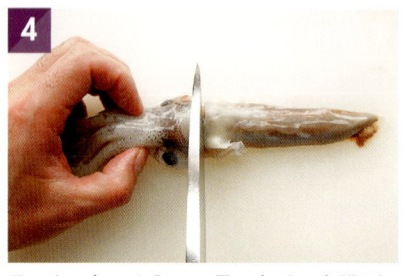

4 目の上に包丁を入れ、足の部分と内臓を切り離す。

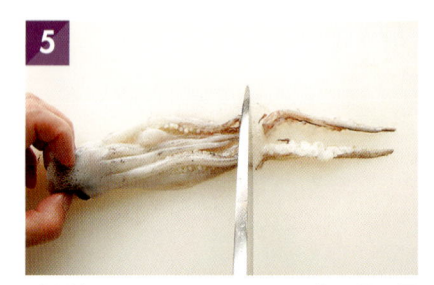

5 げそを切りそろえる。イカには二本の長い足があるので切りそろえておくこと。

6 足を目と目の間で切り開く。こうすると、中にあるくちばし（とんび）が取りやすくなる。

7 足についたくちばしを手で取り出す。

8 目を取りはずす。やわらかく潰れやすいので、水中で慎重に取りのぞく。

9 耳と胴体の間に指を入れて耳を剥がす。胴体の皮がむけるので、そのまま下に引く。

10 耳の皮を剥ぐ。耳の先端に包丁で切り込みを入れる。

11 切り込みを入れた部分を持って下方へ引き、皮を剥がしていく。

12 耳を引き剥がした部分から胴体の皮を剥がす。皮の下にあるもう一枚の薄皮も取る。

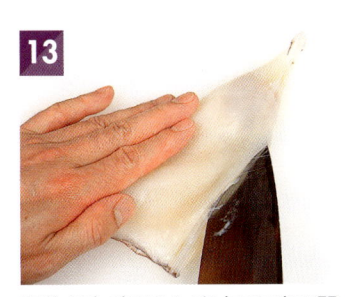

13 胴体を手で押さえながら包丁で切り開いていく。胴体の下の部分は皮が残るので切り離す。

14 さばきの完了。一枚の身、足、内臓、くちばしに分かれた状態。

イカと大根の煮つけ

だしが染み込んだイカリングは
酒の肴にもってこいの一皿

材料

スルメイカ	1杯
大根	1/2本
煮つけ用だし	
だし汁	3カップ
酒	大さじ3
砂糖	大さじ1と1/2
みりん	大さじ4
濃口しょうゆ	大さじ4
絹さや	適宜

作り方

1 煮つけ用だしを鍋に入れる。
2 面取りして下ゆでした大根を入れ煮る。
3 筒切りにしたイカを入れて煮て仕上げる。
4 器に大根とイカを盛り、絹さやを添える。

三種盛り

歯ざわりの残る食感は
獲れたての醍醐味

材料

スルメイカ	1杯
大根	適宜
大葉	適宜
のり	適宜
よりにんじん	適宜
花丸きゅうり	適宜
わさび	適宜

作り方

1 スルメイカは博多作り、糸作り、鳴門作りにする。
2 大根のつまの上に大葉を敷き、刺身をバランスよく盛る。
3 つま類を彩りよく添えて出来上がり。

毛ガニ 【毛蟹】

名前の通り、短い毛が体中に生えているカニ。
冬に採れたカニは脂ののりがよくジューシー。

魚のツボ

分類／短尾下目、クリガニ科、ケガニ属

分布／日本海沿岸、茨城県茨北の太平洋岸

生態／水温で15度以下の海域を好み、北海道沿岸部に多く生息。春先の毛ガニはまだ脱皮したてのため、ミソも少なく身肉も少ないが、夏から秋にかけての毛ガニは身肉も程よくミソも程よい状態となる。

調理のポイント

毛ガニは生で食するよりも、茹でたり蒸したりする方が旨味が増す。カニ味噌も美味で酒の肴にぴったりだ。

処理

1 足が開かないように、輪ゴムをたすきにかける。

2 大きな鍋に水をたっぷりと沸かし、水の3〜4%の塩を入れ、カニを入れる。

3 10〜15分間茹でる。浮いてきたら裏返しにする。

4 茹で上がった状態。毛がにの場合、茹でてもあまり色が変わらない。

5 包丁のあごでかにの裏側にあるふんどしを押さえ、胴体を引っ張るようにしてふんどしを取る。

6 尻を持ち上げるようにして甲羅を外す。あまり力を入れなくても外すことができる。

7 甲羅の裏側にはみそが張りついている。胴体の両側には白っぽいがにがついている。

8 両側についているひらひらとしたガニを手でむしり取る。

9

足の関節に包丁を入れ、足を切り離す。

10

足を全て切り離した状態。

11

胴体の真ん中に包丁を入れて2つに割る。硬い場合は左手で包丁の背を押して切るとよい。

12

2つに切ったものを食べやすいよう縦に切る。こうすると、胴体の身も簡単に取れる。

13

身がぎっしり詰まった胴体。スーパーで見かけるのはすでにこの状態になっているものだ。

14

つめの殻を削ぐ。包丁を入れる部分は、内側の毛のないやわらかい部分。

15

つめの先に食べやすいよう刃先で切り込みを入れておく。

16

一番大きなつめの関節に切り込みを入れる。

17

つめに縦に包丁を入れ、縦に割る。つめには硬い棘がびっしりついているので注意する。

茹でガニ

茹でたあつあつのかにはまた格別の味わい

なんといっても、カニは丸ごと茹でていただくのが一番だ。あつあつのところをしゃぶりつき、さらにぎっしりと詰まったカニ味噌をすすりこむ。味噌に茹で汁が加わって、何ともいえないコクが味わえる。

伊勢エビ 【伊勢海老】

高級食材として親しまれている伊勢エビ。見た目からして
ゴージャス仕様だ。プリプリの身は多くの食通を唸らせてきた。

魚のツボ

分類／十脚目、イセエビ科、イセエビ属

分布／房総半島以南

生態／赤褐色の硬い殻を持ち、触角は長く棒状で硬い。浅い岩礁を好む。夜行性で肉食で、ウニや貝類、さまざまな小動物を捕食する。

調理のポイント

ひと口大に切った身を氷水にさらして締める。また、殻が硬く姿が勇壮なので祝い膳にも適している。

頭と胴体を引き離す

頭と胴体の境目に包丁を入れる。包丁は刃先をうまく使って入れ込むとよい。

裏側にも包丁を入れて切り離していく。堂の周囲に細かく包丁を入れるとよい。

胴体を持ち、頭と胴体とを離す。このとき、頭のほうに身をあまりつけないようにする。

殻から身を外す

布巾で胴体を押さえて滑らないようにし、腹のやわらかい殻に、縦に切り込みを入れる。

反対側も同じように切り込みを入れる。

指を尾の身と殻の間に入れ、そのまま上方に向かって身をはがしていく。

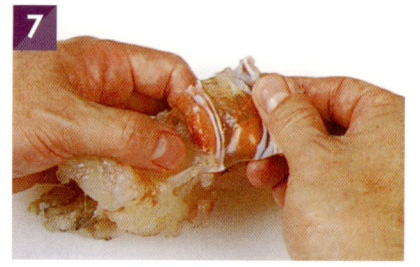

腹の薄い皮を手で身からはがす。なるべく身がくっつかないように取る。

8 伊勢エビのさばき完了。さばいた後の頭は捨てずに味噌汁などに活用する。

台座を作る

1 手の脇を切り落とす。反対側の脇も同じように切り離す。

2 頭を縦に切り落とす。殻は硬いので、切れない場合は左手を添えて切り落とす。

3 頭を立てて、立体的に組み立てる。頭の下に身を取り除いた殻を置いて器とする。

姿作り

氷水で身を洗ってシャキッと仕上げる

材料

伊勢エビ	1尾	より人参	適宜
青じそ	適宜	花丸きゅうり	適宜
とさか	適宜	わさび	適宜
いかり防風	適宜		

作り方

1 伊勢エビは身を殻から外し、適当な大きさに切る。
2 切った伊勢エビを氷水でさっと洗い、身を締める。
3 洗った身はよく水気を付近で拭き取っておく。
4 細かく砕いた氷を皿にたっぷりと敷き、中央に台座をのせて、周りをとさかなどで覆う。
5 身を取った残りの殻の上に青じそを敷き、その上に身を洗った伊勢エビをのせる。
6 周りに彩りよく防風、花丸きゅうり、より人参、ラディッシュの上にのせたわさびなどを添える。

◈ 魚さばきの用語集 ◈

【カマ】
アラの一部で、エラの下から腹ビレ辺りまでの身の部分。たくさんの脂がのり、上質な肉質のため非常に美味。

【首折り】
活き締めの方法の一つ。魚の首を折って血抜きする方法。首折りをしたときに同時に内蔵も出せるメリットがある。

クルマエビ 【車海老】

透き通った美しい身のエビは日本人が好む
高級食材。調理しやすいのも特徴。

魚のツボ

分類／十脚目、クルマエビ科、クルマエビ属

分布／北海道南部以南、各地の内湾

生態／夜行性で昼は海底の砂に浅く潜っている。夜になると餌を求めて動き出す。藻類や貝などの小動物を捕食する。12～13回も脱皮を繰り返してようやくクルマエビの姿になる。

調理のポイント

天婦羅の場合、下処理が肝心。背ワタを取り除き、筋を切り、体をしっかり伸ばす。天麩羅、塩焼きなどの料理が旨い。また、頭は味噌汁の出汁にしても旨い。

天麩羅の下処理

1 頭を取りながら、一緒に砂袋（背ワタ）を抜き取る。

2 尾の部分の第一関節を残して、尾から頭に向かって殻をむく。

3 尾の部分は水分があるので、切りそろえる。

4 揚げたときに曲がらないように腹を上にして、筋を切っていく。

5 裏返して、体を伸ばす。

天麩羅　歯ごたえと風味が抜群

材料（2人前）

クルマエビ	6尾
衣	
卵	1個
冷水	1カップ
小麦粉（薄力粉）	1カップ
下粉用小麦粉	適量
揚げ油	適量
アスパラ	2本

作り方

1 頭を落とし、尾を残して殻をむく。
2 背ワタを取り除く。
3 腹側に切れ目を入れ、素ジを切る。
4 卵を冷水で溶き、粉ふるいにかけた薄力粉を加える。
5 エビに下粉をまぶし、衣をつけて、180℃の油で揚げる。
6 上げたアスパラを添えて出来上がり。

アカガイ【赤貝】

江戸前寿司に欠かすことのできない寿司種のひとつ。
磯の香りとコリコリした食感がたまらない。

魚のツボ

分類／フネガイ目、フネガイ科
分布／陸奥湾以南
生態／大きさは殻長 12cm、殻高 9cm ほど。殻のふくらみが強く、殻全体にやや硬い毛が生えている。殻表には約 42 本の放射状肋があり、殻皮は厚みがあり褐色をしている。しっかりした歯ごたえと、かすかな渋みのある甘みと旨みを持つ。

調理のポイント

身には汚れが多く付着しているので、丁寧に取りのぞく必要がある。また、殻を開くと大量の血が出てくるので、これも丁寧に洗い流すこと。身が分厚いもののほうがおいしい。

下処理

1

殻の盛り上がった部分を割り、そこから殻を開いていく。

2

貝柱をはずして、身を殻から取り出す。貝柱をはずして、身を殻から取り出す。

3
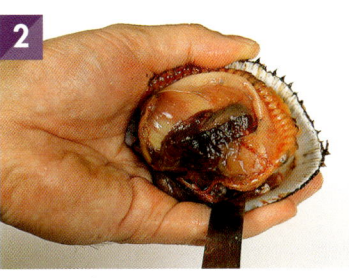
包丁でひもを押さえ、身を引っ張ってはず。ひもについた汚れを包丁で丁寧にかき出す。

4
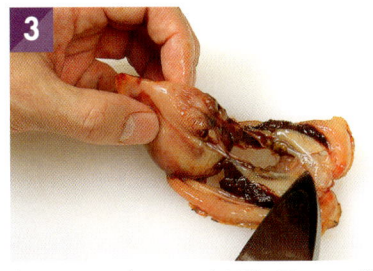
身を半分の厚さに削ぐ。身の横から包丁を入れ、切り離さずに、止める。

5
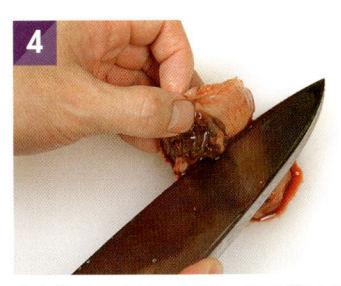
身についた内臓をそぎ取る。反対側の内臓も同じように取りのぞく。

6
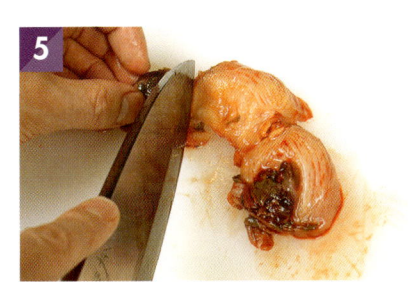
以上のプロセスを経て、下処理が完了。

ぬた

磯の香りとともにさっぱりといただく

材料

アカガイ	1個	きゅうり	適宜
からし酢味噌	適宜	うど	適宜

作り方

I からし酢味噌を器に敷き、アカガイ、蛇腹にしたきゅうり、うどを盛りつける。

さばいた魚の西洋・中華料理レシピ　▶ P.145

アワビ 【鮑】

歯ごたえと風味のよさは貝類の中でも最高峰。
ほどよい磯の香りがあり、旨味が非常に強い。

魚のツボ

分類／原始腹足目、ミミガイ科、アワビ属

分布／日本海全域、茨城県以南

生態／干潮帯付近から水深20m程の岩礁に生息し、ワカメ、コンブなどの藻類を食べている。主に夜行性の物が多く、日中は岩の間や砂の中に隠れている。

調理のポイント

刺身で食べるのか、加熱するのかを種類で使い分ける。一般的には青アワビ（左）と呼ばれるマダカアワビは刺身、赤アワビ（右）と呼ばれるメガイアワビは蒸し物や煮物に使われる。

下処理する

1 アワビには岩から取り外したときの汚れが残っているので、塩で洗う必要がある。

2 塩をまぶして、表面の汚れをたわしでこすり取る。

3 薄いしゃもじで貝柱を取る。殻が細くなっているところに入れるとよい。

4 貝殻の奥までしゃもじを入れることで、身が離れる。

5 殻の内側にある肝を出刃包丁で切り取る。

6 くちばしを切り取る。赤くなっている部分がくちばしである。

7 身に塩を振り、汚れている部分を洗い流す。

8 貝柱の厚い部分を波のように切り取る。柳刃包丁を寝かせ、上下に動かして切り進める。

食べやすくするために、縦と横に切り目を入れたら、5mm の薄さに身を引き切る。

蒸しアワビ
のさばき

◆ 魚さばきの用語集 ◆

【酢締め】
魚などを酢に浸して締めること。酢締めを行うことによって保存性を高めたり、生臭さを抑える。また、余分な水分が抜けて身が引き締まる。サバやイワシ、アジなどのクセのある青魚は、塩で引き締めた後に酢で締めると、すっきりとした味わいになる。

下処理したアワビは生の状態で酒蒸しにする。

食べやすい大きさに角切りする。

刺身
コリコリした食感と
口に広がる磯の香りを楽しむ

材料

アワビ（青）	1杯（300g）	レモン	適宜
大根	適宜	花穂	適宜
大葉	適宜	わさび	適宜
にんじん	適宜		

作り方

1　下処理したアワビは引き切りにして器にのせる。
2　大根、大葉、にんじん、レモン、花穂、わさびを添える。

蒸しアワビ
時間をかけて蒸したアワビは、
軟らかくてさっぱりとした舌触り

材料

アワビ（赤）	1杯（300g）	大根	適宜
塩	適宜	谷中しょうが	1本

作り方

1　蒸したアワビは殻からはずし、角切りにして器に盛る。
2　1つかみの塩と大根、谷中しょうが、蒸した肝を添えて完成。

シジミ・ハマグリ・アサリ 【蜆・蛤・浅蜊】

種類豊富な貝類。それぞれの下処理を覚えて、
風味豊かな料理を堪能しよう。

シジミの下処理

1 シジミは真水でこすりながら洗う。よく洗わないと味が悪くなるので注意。

2 真水に半日ほど浸し、砂出しする。口を開いている貝は取りのぞく。

ハマグリの下処理

1 砂出ししたハマグリのちょうつがい（貝殻を結ぶ黒い部分）を包丁で切り取る。

2 網焼きにして、口が少し開いたら火からおこし、ちょうつがいに竹串をさして開く。

アサリの下処理

1 アサリは塩水でこすり洗いする。よく洗っておかないと味が悪くなる。

2 ボウルに3〜4%の塩水を作り、アサリを一晩浸して砂抜きする。

味噌汁
味噌汁の人気具材
旨みがだしにも染み出る

材料（4人前）

シジミ	300g	味噌	65g
昆布	10cm	万能ねぎ	適宜
水	4カップ		

作り方

1 左ページの下処理をしたら、鍋にシジミ、昆布、水を入れて火をかける。沸騰寸前に昆布を取り出す。
2 アクを丁寧に取りのぞく。
3 シジミの口が完全に開いたら火からはずして、煮汁を布ごしする。
4 煮汁を鍋に戻して、味噌を溶き入れる。シジミを戻して出来上がり。お好みで万能ねぎを加える。

焼きハマグリ
貝殻ごと焼いた豪快料理。
しょうゆの香ばしさが魅力

材料（4人前）

ハマグリ	4個	しょうゆ	適宜
そらまめ	4個		

作り方

1 ハマグリは真水につけて砂出しし、ちょうつがいを切り取る
2 網焼きにして、殻が開き始めたら、火からおろして、ちょうつがいに楊枝を挿して貝を開く。
3 口が開いたら塩を振り、しょうゆをかけて焼き上げる。

アサリの酒蒸し
汁にまで染み付いた
濃厚な旨みに酔いしれる

材料（4人前）

アサリ	800g	酒	1カップ
長ね	1/2本	昆布	10cm
サラダ油	適宜	塩	小さじ1
		あさつき	1束

作り方

1 アサリは塩水であらい、砂出しをする。長ねぎはみじん切りにする。
2 鍋にサラダ油を入れ、長ねぎを炒める。
3 サラダ油が長ねぎになじんだら、アサリを入れてサッと炒める。
4 酒、昆布、塩を加え、蓋をして強火で3〜4分間蒸し煮する。
5 口が開いたら塩で味を調え、火を止める。
6 器に盛り、あさつきを散らして出来上がり。

カキ 【牡蠣】

殻の中につまったまろやかな旨みが抜群。
調理の幅が広く、栄養価も高い

魚のツボ

分類／カキ目、イタボガキ科、マガキ属
分布／日本各地
生態／殻長 20cm 近く。マガキはもっぱら岩などに貝殻を付着させている。貝殻の形は生息場所によって様々。色合いや模様にも変化が見られる。「海のミルク」と呼ばれるほど、濃厚な旨みがある。食感はあまりなく、独特のクセがある。
※分類はマガキ

調理のポイント

加熱用はよく火を通すこと。特に時期を逃したカキは、食中毒を引き起こす原因となるので注意する。内臓が入っている「ふくろ」の部分が薄いものは生で食べないほうがよい。

下処理

1 殻のふくらんでいるほうを下にして、殻のすき間にナイフの刃を入れ込む。

2 貝柱をこそげ取り、上の殻をはずす。

3 殻についている貝柱もこそげ取る。

4 身と殻がはずれた状態。身はきれいに汚れを取っておく。

カキを焼く

1 ボールにカキと、適量の大根おろしを入れ、カキを揉み洗う。

2 直火で焦げ目がつくくらいまで炙る。決して生焼けにしないこと。

さばいた魚の西洋・中華料理レシピ　▶ P.157

サザエ【栄螺】

独特の磯の香りがあり美味。酒との相性が抜群。
壺焼き、刺身、酢の物などに調理できる。

魚のツボ

分類／古腹足目、サザエ科、サザエ属
分布／房総半島〜九州の太平洋側、北海道南部〜九州の日本海側
生態／主に水深 10m 以浅の岩礁域に生息する。夜行性で、昼間は岩影などに潜んでいるが、岩上にいることも多い。藻食性で、様々な海藻を食べる。産卵期は 7 月から 9 月。殻高 5cm に成長するのに 2 年から 3 年かかる。

調理のポイント

殻から取り出し、肝を切るなどの下処理をする。壺焼きと刺身が一般的な食べ方。殻は捨てずに料理に使えば演出効果大。角が大きく張り出し、ずっしりと重いものを選ぶ。

下処理

1

蓋と殻の間にナイフを差し込み、手前に回しながら身をいっきに取り出す。

2

身が取れたら殻に残っている肝の部分を取り出す。肝はとぐろを巻いたような形をしている。

3

身と蓋の間に包丁を入れ、身についている蓋を切り離す。

4
くちばしを包丁で切り落とす。くちばしは非常に硬いので食べられない。

5
肝についた身も切り離す。切り離したら、身についたひもや汚れを包丁でこそげ取る。

6

サザエの下処理の完了。汚れをきちんと取りのぞいておこう。

壺焼き　磯の香りが残った浜料理

材料		作り方
サザエ	1個	**1** 小口切りにしたサザエ、しいたけ、3cm に切った三つ葉を殻の中に入れる。
しいたけ	適宜	
三つ葉	適宜	
だし汁	30ml	**2** だし汁30ml、濃口しょうゆ 5ml、みりん 5ml を **1** に入れ、直火で焼く。
濃口しょうゆ	5ml	
みりん	5ml	

ホタテ【帆立】

つややかな飴色で、ジューシーな肉厚感が特徴。
和洋中、どんな料理にも相性がよい。

魚のツボ

分類／イタヤガイ目イタヤガイ科 Mizuhopecten 属
分布／東北以北の日本
生態／天然貝の生息場所は水深20〜30mの海域で、アサリ、ハマグリ等の生息場よりも粒の大きい砂泥域〜砂れき場で分散して生活。主にプランクトンを食べながら生きている。

調理のポイント

焼きものでも生でも旨い。和、洋、中に対応できる優秀な食材。貝柱はその甘みを楽しむため、刺身にするのもおすすめ。身についている黒い部分「うろ」は通常は使わない。

下処理

1

ペティナイフを殻のすき間に差し込み、下の殻についた貝柱をこそげ取る。

2

貝柱を切り取るとすぐに殻が開く。反対側の殻についた貝柱もナイフで切り取る。

3

殻からはずし、まな板の上におく。内臓などをそのまま使う場合は崩さないようにする。

4

貝柱からひもをはずす。ひもは焼くなどして食べると旨い。

5

包丁で貝柱から肝を切り離す。肝を傷つけないよう注意する。

6
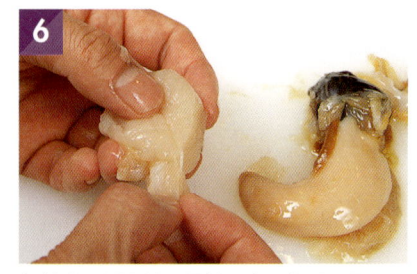
加熱すると硬くなる貝柱の白い部分は取りのぞく。

菊花椀　見た目も楽しめる甘みがつまった椀もの

材料（4人前）

ホタテの貝柱	1個
塩、片栗粉	適宜
菊花（貴、紫）、菊菜	適宜
だし汁、塩	適宜
薄口しょうゆ	適宜

作り方

1 貝柱に包丁目を入れ、薄く塩を振る。片栗粉をハケで塗り、静かに茹でる。
2 椀にホタテを盛り、茹でた菊花、菊菜を散らし、味を調えだし汁を張る。

ミル貝 【海松貝】

近年、数が激減しており高級食材として扱われる。
刺し身、酢の物の他、汁物や煮物にも向いている。

魚のツボ

分類／マルスダレガイ目バカガイ科ミルクイ属

分布／本州〜四国、九州

生態／浅瀬の砂泥底に、深い穴を掘って暮らしている。水管を出して、水中をただよう植物プランクトンなどを吸い込み、食べる。殻長15cmほどの大きな二枚貝で、殻表は暗褐色の殻皮で覆われる。貝殻は薄く小さく軟体は納まらない。

調理のポイント

表面を塩揉みしてぬめりを取ってから、貝むきを使って殻から身をはずす。部分ごとに切り分けて、刺身で食す。水管が大きく、指で押してみて反応がよいものが新鮮である。

切り分ける

1

貝割りを殻の間に差し込み、貝柱をこそぎ取る。外れたらもう一方もえぐるようにして取りのぞく。

2

殻から身を崩さないように切り離し、わたの部分を切り取る。

3
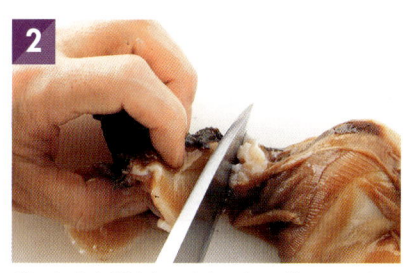
切り離したひもを包丁を使って、きれいに掃除する。

4

水管の黒い皮に塩まぶしを10分おき、貝むきを使って黒皮をむく。むけたら水管を縦に切り開き、砂を洗い流す。

5

ミル舌は包丁を使って開く。開いたミル舌にはわたがついているので、包丁で丁寧にそぎ取る。

6

ひも、水管、ミル舌の下処理を終えて、それぞれに切り分けた状態。

刺身　殻を器にして刺身を彩る

材料（4人前）

材料	分量
ミルガイ	1個
大根、にんじん	適宜
花穂じそ	適宜
きゅうり	適宜
青じそ	適宜
わさび	適宜

作り方

1 殻から貝柱をはずし、水管とミル舌、ひも、貝柱に切り分ける。

2 ミルガイとかざりを一緒に器に盛りつけて、わさびを添える。

Column

さばいて食す

天麩羅編

小魚を味わうなら天麩羅で！

サクッとした衣の食感と魚の旨味が口に広がる天麩羅。キスなどの小魚なら天麩羅がぴったり。食べ方は、天つゆ、塩、お好みで。熱々のうちに召し上がれ。

華麗なる白ギスの肉体が
衣と合わさり新しく生まれ変わる

白ギスの天麩羅

【材料】

白ギス	適宜
ピーマン	適宜
衣　卵と氷水を合わせて	1カップ
薄力粉	1カップ
大根おろし	適宜
しょうが	適宜
揚げ油	適宜

【作り方】　　▶さばき方はP26へ

1 白ギスはウロコを取りのぞき、背開きにする。
2 ピーマンは半分に切り、種を取りのぞく。
3 ボウルに卵を割り入れ、氷水を加えて溶く。薄力粉を入れて手早く混ぜ、衣を作る。
4 背開きにした白ギス、ピーマンに衣をつけ、170℃の油で揚げる。
5 揚げた白ギス、ピーマンを器に盛り、大根おろし、おろししょうがを添えて出来上がり。

メゴチの天麩羅

【材料】

メゴチ	適宜
なす	適宜
衣　卵と氷水を合わせて	1カップ
薄力粉	1カップ
揚げ油	適宜
大根おろし	適宜
しょうが	適宜

【作り方】　　▶さばき方はP54へ

1 メゴチは背骨を包丁で押さえながら、頭を持ち、尾ビレまで引っ張って皮を剥ぐ。
2 食べやすい大きさに切ったなすは末広切りにする。
3 ボウルに卵を割り入れ、氷水を加えて溶く。薄力粉を入れて手早く混ぜ、衣を作る。
4 メゴチ、なすに衣をつけ、170℃の油で揚げる。
5 揚げメゴチ、なすを器に盛り、大根おろし、おろししょうがを添えて出来上がり。

食通を唸らせる独特のコク
あつあつの衣から染み出る旨みに感嘆

刺身の切り方と盛りつけ方

同じ魚でも、身のかたいものやわらかいもの、厚いもの薄いものなどさまざま。
切り方ひとつで味わいが大きく異なるからこそ、魚に合った切り方を覚えたい。

そぎ切り

白身や身の薄い魚に用いられ、切り身を大きく見せることができる。
包丁は寝かせて使い、左手で身を押さえながら切る。

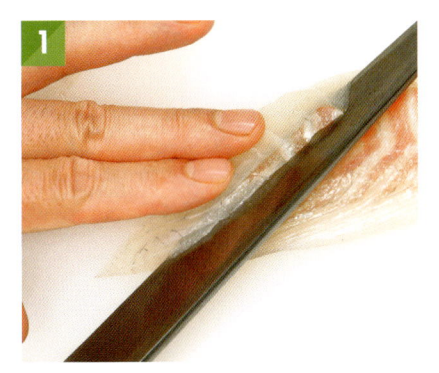

身の薄いほうを手前にする。左手で身を押さえ、包丁は右に傾けて切り込む。

そのまま包丁を手前に引き、そぐように切る。切り離したら左手でつまむ。

切り離した刺身で芽ねぎをくるりと巻いていく。

器の上に大葉を敷き、彩りをつける。

芽ねぎを巻いた刺身を青じその上にバランスよく盛りつける。

花穂、よりじんじん、わさびを添えて出来上がり。

平作り

最も代表的な刺身の切り方。
身の薄いもの以外のあらゆる魚に用いられるので、基本をしっかり覚えておきたい。

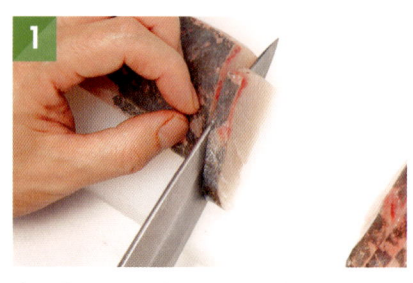

身の薄いほうを手前にする。包丁の根元を当て、刃先まで使い、いっきに手前に引く。

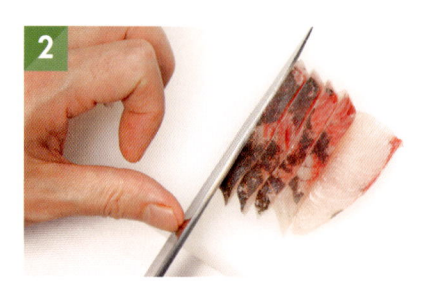

完全に切り離したら、切り身を包丁で右に送り、少しづつ寝かせて重ねる。

つまをこんもりと盛る。その上に大葉をかける。

平作りに切った刺身を立たせるように盛りつける。

最後にわさび、紅たでを添えて出来上がり。

引き作り

直角の切り身が特徴の切り方。
マグロの赤身など、身のやわらかいものを刺身にするときに多用される。

切り身のサクに対して直角になるように、包丁を当てて切り入れる。

包丁を手前に引きながら身を切る。切った身はそのままにしておく。

みょうがのつまを皿の奥にこんもりと盛り、その上に大葉を立てかける。

引き作りに切った刺身を青じその上に寝かせずに立てておく。

花丸きゅうり、紅たでなどを彩りよく盛り、最後にわさびをバランスよく添えて出来上がり。

薄作り

フグ作りとも呼ばれ、フグやヒラメなどの肉質が締まったかたい魚に用いる。
盛りつけた器の柄が透けて見えるほど、薄く切る。

身の薄いほうを手前にする。そぎ切りより包丁を寝かせてできるだけ薄く切る。

切り身を柄のついた皿の上に反時計回りにおく。もみじおろし、浅ねぎを盛りつける。

角作り

マグロの赤身などに使う切り方。
引き切りと違って正方に近い形となり、華やかに盛りつける。

サクを縦半分に切る。身がやわらかいので、いっきに切るときれいな切り口になる。

包丁を手前に引きながら身を切る。切った身はそのままにしておく。

角作りの完成。角が崩れずピンと立っており、見た目も美しい。

器に大葉を敷く。

大葉の上に角作りにした赤身を崩さないように盛りつけていく。

花丸きゅうり、花穂じそ、わさびをバランスよく添えて出来上がり。

八重作り

「隠し切り」「二枚切り」とも呼ばれ、タイや締めサバなどに用いられる。切れ目を入れることで、皮まで食べやすくなる。

初めに皮に浅く切れ目を入れてから、包丁を横にずらして切り込む。

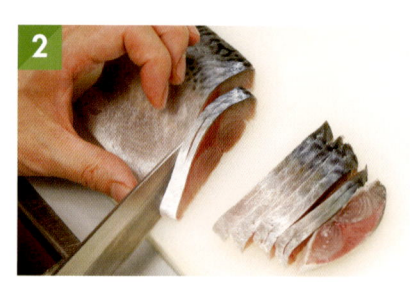
包丁を手前に引きながら身を切り離す。

完全に切り離したら、包丁で右に送り、寝かせるようにして重ねる。

青じその上に刺身を二段にして盛りつける。花穂、みょうがをバランスよく添える。

糸作り

細作りとも呼ばれ、平作りや角作りにできない魚を刺身にするときの切り方。キスやサヨリ、身の薄いイカなどに適している。

イカの身を縦半分に切る。

半分に切った身に、包丁で縦に切れ目を入れる。これで身がやわらかくなる。

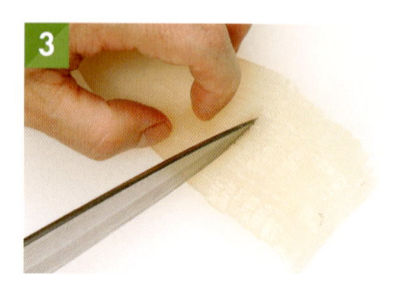
包丁の先を立てて、奥から手前に引いて切り離す。

海藻、青じそを敷き、イカを重ねる。よりにんじん、しょうがなどを添えて出来上がり。

寿司を握る

釣った魚を刺身にしてそのまま食べるのもよいが、寿司ネタにすると、
また一味違った魚の旨みを楽しむことができる。

右手で酢飯をつかみ、しゃりを作る。しゃりの量は 15g が最適。

右手の人差し指でわさびをネタにつける。

ネタの上にしゃりをのせ、空気を入れるためにしゃりの真ん中と側面を軽く押さえる。

右手で支えながら寿司をひっくり返す。

左手の上にネタが上になるように置く。

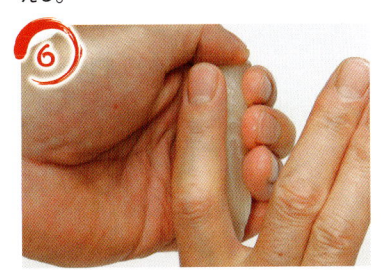

人差し指で上から押さえる。

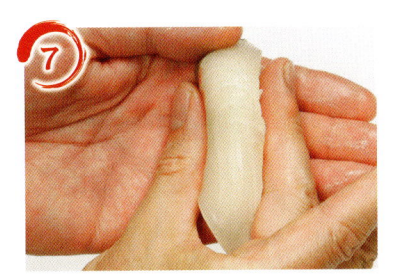

さらに側面を押さえて形をきれいに作っていく。

寿司を左手で持ち、反対側の向きにする。その後、側面を指で軽く押さえて整える。

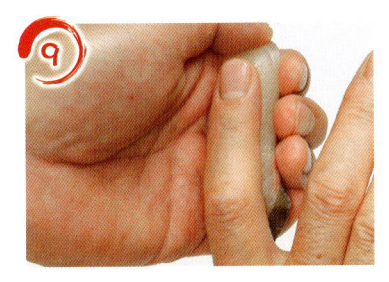

ネタの表面の形を整える。

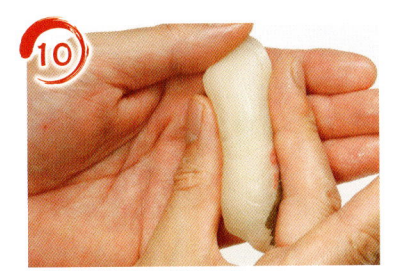

仕上げに、しゃりの側面を押さえて形を整える。

しゃりが上低の辺が長い台形になっているのが理想の形。

人にふるまえる美しい握りの出来上がり。

アジの干物を作る

干物を作るポイントは、しっかり漬け液に魚を浸し発酵を止めること。
魚をそのまま干しても干物にはならないのだ。

さばく

背開きと腹開きがあるが、ここでは腹から開く。
開くときに背まで包丁を突き通してしまわないように注意。

アジは真水で洗ってから包丁を立ててウロコを取る。

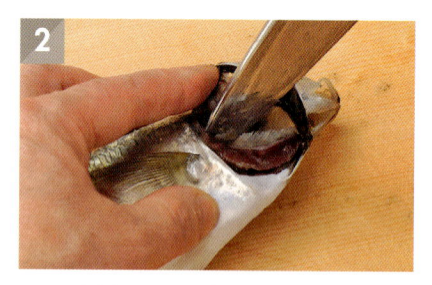
エラぶたを起こして刃先を入れ、エラを切り離す。さらに逆側から刃先を入れてエラを取る。

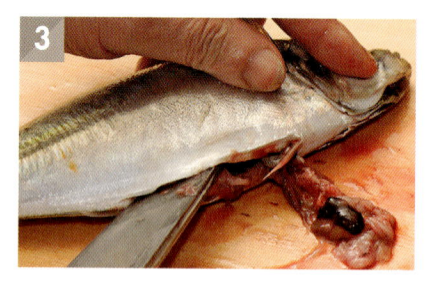
尾ビレのあたりから包丁を入れて、腹を割いて内臓を取り出す。

水をためてアジを洗う。指を使って、内臓や血合いをきれいにする。

中骨の上に包丁を入れ、骨に沿って包丁を動かし身を切り開く。

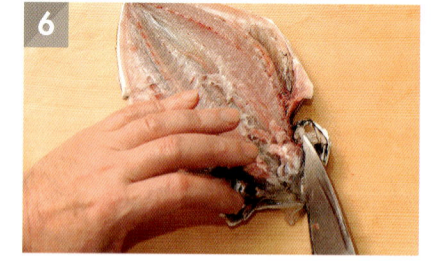
下あごの方から包丁を入れて頭を割る。完全に開きの状態にする。

干物にする

風味をよくするために、水ではなく昆布だしを使用。
漬け液は、魚が完全に浸かる量を用意すること。

昆布だしに塩と風味づけ程度の酒を加えて漬け液を作る。
※塩度3％＝1リットルに30gの塩。

漬け液をバットやプラスチック容器などの平たい容器に入れる。魚が重ならない大きさが最適。

開いたアジが完全に漬け液に浸かるようにして漬ける。

30分〜1時間ほど漬けたら、ザルに上げて汁気をきる。薄味が好みなら、浸け時間を短めにする。

干しかごに入れて干す。表裏をひっくり返しながら、日の当たる場所で1日干せば完成。
※虫や鳥よけができる専用の干しかごが最適

みりん干し

みりんと濃口しょうゆの漬け液に漬けて干したものがみりん干し。
身の薄い魚に適しているが、漬けすぎると身が硬くなるので注意。

みりん7：濃口しょうゆ3の漬け液を作る。みりんは煮切ってアルコールをとばしたものを使う。

みりんに濃口しょうゆを加え、よくかき混ぜる。濃口しょうゆは、好みで割合を多めにしてもよい。

漬け液をバットやプラスチック容器などの平たい容器に、魚が完全に浸かる深さまで入れる。

開いたアジを漬け液に漬ける。塩で水分を抜くわけではないので、長めに漬けても可。

2時間〜一昼夜、好みで漬け時間を調節。時間をおいてもしょっぱくはならないが、身は硬くなる。

ザルに上げて汁気を切る。漬け液にべたつきがあるので、十分に汁気を切ってから干すこと。

干しかごに入れて干す。表裏をひっくり返しながら、日の当たる場所で1日干せば完成。

イカの塩辛を作る

魚介類の内臓や筋肉などに、高濃度の食塩を加えて熟成させたものが塩辛。
振り塩や陰干しをして、水分を抜いた魚介に腹ワタを和えることで、旨みが濃縮される。

スルメイカ

夏が旬で、水深 80 〜 150m の沖で
よく釣れる。スルメイカは、日本
人が最もよく食べる魚介類で、煮
物、刺身、天ぷら、一夜干しと調
理の幅も広い。

さばく

むきにくいとされるスルメイカの皮は、ガーゼを使ってむく。
腹ワタの中にある墨袋は、破らないように注意する。

1 刃先を上に向けて、胴の裏側中央に切り込みを入れる。

2 足の付け根に切り込みを入れて、平になるように身を開く。

3 手を使って、頭から内臓をきれいに外す。この時、墨袋を破らないように注意を払う。

4 ガーゼと皮を密着させながら、皮をいっきにむく。

5 足を一本ずつに切り分け、二本の長い足の先は切る。吸盤は口当たりが悪いので、切り落す。

6 身と足を食べやすい大きさに切る。ザルの上で陰干しをして、水分を抜く。

漬ける

塩辛は手軽に美味しいものができるので、ぜひとも作り方をマスターしたい。
腹ワタを塩漬けをすることで、味に大きな差が出る。

塩漬けした腹ワタを巻きすに並べて、陰干しする。巻きすで余分な水分だけが下に落ちる。

塩漬けした腹ワタを酒と水で洗った後、二つに割く。

包丁で腹ワタの皮から中身を出して、よくたたく。

たたいた腹ワタを木べらで裏ごしする。口当たりがなめらかになるので、面倒くさがらずに。

なめらかにした腹ワタに、陰干ししたイカを加えて、よく和える。

ふた付きのビンに入れて冷蔵庫へ。毎日かき混ぜて1～2週間で食べ頃。

カツオの燻製を作る

燻製器は、燻製するスペースがあれば、寸胴、中華鍋、段ボール箱など何でもよい。
チップもサクラ、ナラ、リンゴなどたくさんあるので、好みで選ぶのも楽しい。

カツオ

初夏から秋が旬。初夏を告げる初ガツオは縁起物として人気が高く、また秋の戻りガツオも脂がのって味わい深い。一本釣りが主だが、ルアーフィッシングも人気が高い魚。

さばく

体も大きくさばきがいのあるカツオ。
身が重く割れやすいので、片身を開いたら、返さずにそのまま中骨を外すこと。

1 胸のあたりから頭にかけて、すき引きをしてウロコをとる。
※頭の周辺に硬いウロコあり

2 腹ビレの根元に包丁を入れ、身を裏返しながらのど下、逆側からも包丁を入れ、頭を切り落とす。

3 内臓や血合いをとり、水洗いした後は、背ビレを包丁の峰（背）で切り離していく。

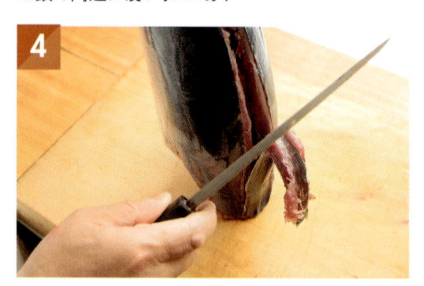

4 カツオの身を立てて、背ビレを起こすように包丁を入れ、そのまま切りとる。

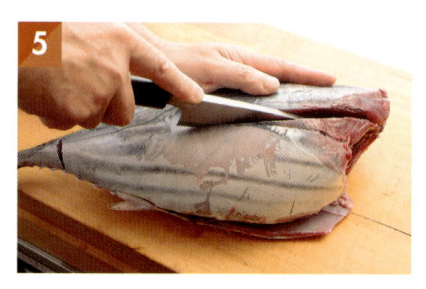

5 水洗いした後、五枚におろす。尾の付け根に切れ目を入れてから、身の中央に包丁を入れる。

6 魚の向きを逆にする。中骨に沿って尾から頭側へと包丁を動かし、背側の身を開いていく。

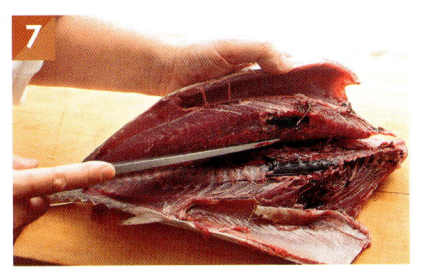

もう一度、魚の向きを逆にする。中骨に沿って頭側から尾へと包丁を動かし、腹側の身を開く。

逆側の身も同様に開いて、五枚おろしの完成。

燻す

おろしたカツオを塩漬けにしてから、砂糖を混ぜたチップの煙で燻す。
臭いのある煙が大量に出るので、屋外で行う方がよい。

塩度3〜4%の塩水に砂糖（大さじ1程度）を加えた漬け液に、魚としょうがを2時間ほど漬ける。

チップに砂糖を混ぜることで、煙が立ちやすくなる。

底のない缶にアルミホイルで底を作りチップを敷く。缶を寸胴において火にかけて、チップを燻す。

煙が上がってきたら、缶の上に網を敷き魚を並べる。弱火で20分〜40分ほど燻せば、完成。

さばいた魚の西洋・中華料理レシピ

魚介類をさばいて、イタリアンやフレンチ、中華料理を作る。
食卓を彩り、旬の味を感じられるレシピを紹介。

◆ **さばき方** 　大名おろし・三枚おろし 　背開き 　切り身・ぶつ切り 　大処理・下処理

マゴチのカルパッチョ

小さく切った野菜の食感が小気味よいアンティパスト

使用する さばいた魚	マゴチの大名おろし

▶ さばき方は P.50 へ

材料（1人前）

マゴチ（大名おろし）	80g
きゅうり	15g
セロリ	15g
パプリカ	15g
オリーブ	2粒
塩	小さじ1/3
コショウ	少々
オリーブ油	大さじ1
りんご酢	大さじ1
エディブルフラワー	適宜

作り方

1　マゴチの皮を引き、そぎ切りにして皿一面に並べる。
2　きゅうり、セロリ、パプリカ、オリーブは3mm角に切る。ボウルに入れ、
　塩、コショウ、オリーブ油、りんご酢を加えてよく混ぜ、**1**にふりかける。
　お好みでエディブルフラワーを飾る。

アジとアカガイの冷製パスタ

ライムの酸味が効いたさっぱり仕立て

使用する さばいた魚 **アジの大名おろし、アカガイの下処理** ▶ さばき方は P.62・P.123 へ

材料 （1人前）

アジ（大名おろし）	1フィレ
アカガイ	1個分
フルーツトマト	1個
ライム	1個
塩	小さじ1/2
コショウ	少々
オリーブ油	大さじ2
カッペリーニ	80g

作り方

1 アジとアカガイは2cm幅にそぎ切りし、フルーツトマトはくし型に切る。ライムは皮を少しすりおろし、輪切りを1枚取って切り込みを入れ、残りは果汁を絞っておく。

2 ボウルにライムの果汁と皮、塩、コショウ、オリーブ油を入れて泡だて器で混ぜる。

3 カッペリーニを塩ゆでして氷水で冷やし、水分を切る。ボウルに入れて2の2/3を和える。

4 別のボウルにアジとアカガイ、フルーツトマトを入れ、2の残りの1/3を和える。

5 皿にカッペリーニを盛り、アジ、アカガイ、フルーツトマトをのせてライムを飾る。

イシダイのポワレ トマトソース

表面をカリッと焼いた風味豊かな伝統フレンチ

使用する
さばいた魚　**イシダイの三枚おろし**　▶ さばき方は P.70 へ

材料 （1人前）

イシダイ（三枚おろし）	100g
にんにく	1/2片
玉ねぎ	1/4個
タイム	1枝
オリーブ油	小さじ2
塩、コショウ	各少々
トマトの水煮（カットタイプ）	120g
強力粉	大さじ1
ハーブ（ミント、あさつき、チャービルなど）	適宜

作り方

1 にんにくと玉ねぎをみじん切りにする。

2 イシダイににんにくの半量、タイム、オリーブ油小さじ1、塩、コショウをまぶして20分置く。

3 鍋にオリーブ油小さじ1、残りのにんにくを入れて弱火にかける。色がついたら玉ねぎを加えて炒める。さらにトマトの水煮を加えて軽く煮込み、塩、コショウで味を調える。

4 ペーパータオルでイシダイにつけたタイムやにんにくを拭き取り、強力粉をまぶす。

5 フライパンにオリーブ油（分量外）を敷いて熱し、強火で皮目からこんがりと焼く。

6 皿に**3**を流してイシダイをのせ、粗みじん切りにしたハーブを飾る。

アイナメのパエリア

使用する さばいた魚 | **アイナメの三枚おろし** ▶ さばき方は P.60 へ

材料 （2～3人前）

アイナメ（三枚おろし）…… 160g	白ワイン ……………… 大さじ3
エビ ……………………… 4尾	トマトの水煮（カットタイプ）
赤パプリカ、黄パプリカ	………………………… 50g
……………………… 各1/4個	水 ……………………… 500ml
玉ねぎ ………………… 1/4個	チキンブイヨンの顆粒 … 小さじ1
にんにく ……………… 1/2片	塩 ………………… 小さじ1/2
レモン ………………… 1/2個	コショウ ……………… 少々
サフラン …………… ひとつまみ	オリーブ ……………… 4個
オリーブ油 …………… 大さじ1	イタリアンパセリ ……… 1枝
米 …………………… 1カップ	

作り方

1 アイナメは2cm幅に切り、塩、コショウ（分量外）をまぶす。エビは背ワタを取り、背側の殻に切り込みを入れて塩、コショウ（分量外）をまぶす。パプリカは短冊切り、玉ねぎとにんにくはみじん切りにする。レモンは4等分のくし型に切る。サフランは乾煎りして粉々にしておく。

2 パエリアパンにオリーブ油を敷いて熱し、エビ、アイナメを中火でこんがり焼く。

3 にんにくを加えて香りが出たら、パプリカと玉ねぎを加えて炒める。

4 米を加えて炒め、サフラン、白ワイン、トマトの水煮、水、チキンブイヨン、塩、コショウを加えて煮る。

5 アイナメとエビを取り出し、米の芯がなくなるまで約18分火を通す。

6 5にアイナメ、エビ、レモン、オリーブをのせ、粗みじん切りにしたパセリを散らす。

サヨリのマリネ

使用する さばいた魚 **サヨリの三枚おろし** ▶ さばき方は P.84 へ

材料 （1人前）

サヨリ（三枚おろし）	1尾
マリネ液	
にんにく	1片分
セロリ	3cm分
レモン汁	大さじ2
砂糖	小さじ1
オリーブ油	大さじ2
塩	小さじ2/3
コショウ	少々
グリーンサラダ (パプリカ、クレソン、プリーツレタス、ラディッシュ、トレヴィスなど)	ひとつかみ

作り方

1 にんにくとセロリを薄切りにする。
2 マリネ液の材料をボウルに入れ、よく混ぜる。
3 サヨリを2cmの長さに切り、2の半量に漬けて冷蔵庫で約10分おく。
4 グリーンサラダと残りのマリネ液を和えて皿に盛り、3のサヨリをのせる。

アマダイのクリーム煮

フライパン一つで作る、味わい深いメインディッシュ

使用する さばいた魚 | **アマダイの三枚おろし**　▶ さばき方は P.68 へ

材料（1人前）

アマダイ（三枚おろし）……… 120g	チキンブイヨンの顆粒
塩、コショウ …………… 各少々	……………… 小さじ1/4個
玉ねぎ ………………… 1/4個	生クリーム ……………… 60ml
マッシュルーム ………… 4個	水溶き片栗粉
アスパラガス …………… 1本	水 …………………… 小さじ2
バター …………………… 少々	片栗粉 ……………… 小さじ1
白ワイン ……………… 大さじ2	
水 …………………… 50ml	

作り方

1 アマダイは2cm幅に切り、塩、コショウをまぶす。玉ねぎは2cm角に、マッシュルームは縦半分に切る。アスパラガスは皮を薄くむいて斜め4cmの長さに切って塩ゆでする。

2 フライパンにバターを熱し、玉ねぎ、マッシュルームをソテーして端に寄せる。アマダイは皮目を下にして並べ、軽く焼いたらひっくり返す。白ワインを加えてアルコール分を飛ばし、水、チキンブイヨン、生クリーム、塩、コショウを加えて約2分煮る。

3 2に水溶き片栗粉を加えてとろみをつける。皿に盛ってアスパラガスを添える。

アナゴのスパイス焼き（雑穀添え）　アナゴ丼をイタリアン仕立てにして平皿に

使用する さばいた魚　アナゴの背開き　▶ さばき方は P.66 へ

材料（2人前）

アナゴ（背開き）	2尾
雑穀ミックス	50g
塩、コショウ	各少々
バター	10g
パルメザンチーズ	5g
パプリカパウダー、カルダモンパウダー	
	各少々
オリーブ油	大さじ1
バルサミコ酢	50ml
クレソン	適宜

作り方

1 雑穀ミックスをたっぷりの湯（分量外）で約18分ゆでる。ざるで水気を取ってボウルに入れ、塩、コショウ、バター5g、すりおろしたパルメザンチーズを加えて混ぜ、皿に敷く。

2 アナゴは半分の長さに切り、塩、コショウ、パプリカパウダー、カルダモンパウダーをまぶす。

3 フライパンに残りのバターとオリーブ油小さじ1を敷いて熱し、アナゴを並べる。アナゴが丸まらないように押さえて両面をこんがり焼き、1にのせる。

4 フライパンにバルサミコ酢を入れ、1/3の量になるまで煮詰める。

5 4と残りのオリーブ油を3にまわしかけ、クレソンを添えてパプリカパウダーをふりかける。

ニジマスのオーブン焼き（パプリカソース）

魚の身をほぐしながら
詰め物をいただく

使用する さばいた魚　ニジマスの背開き　▶ さばき方は P.48

材料（1人前）

ニジマス（背開き）………… 1尾
塩、コショウ ………… 各少々
オリーブ油 ……………… 適量
ディル粗切り ……………… 少々
詰め物
　バター ………………… 5g
　玉ねぎ ………………… 20g
　エリンギ ……………… 30g
　ゆで卵 ………………… 1個
　生クリーム ………… 大さじ1
　ピッツァ用チーズ ……… 10g

パプリカソース
　バター ………………… 5g
　玉ねぎ ………………… 20g
　赤パプリカ …………… 40g
　水 …………………… 150ml
　チキンブイヨンの顆粒
　　……………… 小さじ1/4
ディル ……………………… 適宜

作り方

1　ニジマスに塩、コショウ、オリーブ油、ディルをまぶす。玉ねぎ、赤パプリカ、エリンギ、ゆで卵は粗みじん切りにする。

2　詰め物を作る。鍋にバターを入れて熱し、玉ねぎ、エリンギを炒め、生クリームを加えて煮詰め、粗熱を取る。ゆで卵とピッツァ用チーズを加え、塩、コショウをして混ぜる。

3　パプリカソースを作る。鍋にバターを入れて熱し、玉ねぎと赤パプリカを甘味が出るまでじっくり炒める。水、チキンブイヨンを加えて野菜が柔らかくなるまで煮込む。

4　3を滑らかになるまでミキサーにかけ、塩、コショウで味を調える。

5　オーブンプレートにクッキングシートを敷き、ニジマスをのせ、2を詰める。200℃のオーブンで約12分焼く。

6　皿に5を盛って、4のソースを流し、お好みでディルを飾る。

ヤマメの中華風香味蒸し

熱したごま油とパクチーの風味が決め手

使用する さばいた魚　ヤマメの背開き　▶さばき方は P.56 へ

材料（1人前）

ヤマメ（背開き）	1尾
しめじ	60g
酒	大さじ1
薄口しょうゆ	大さじ1
白髪ねぎ	20g
針しょうが	少々
パクチー	少々
ごま油	小さじ1

作り方

1 器にしめじを広げるように入れ、その上にヤマメをのせる。酒と薄口しょうゆをかけ、蒸し器で約10分蒸す。

2 ボウルに白髪ねぎ、針しょうが、ちぎったパクチーを入れて混ぜ、1のヤマメの上にのせる。

3 フライパンにごま油を入れて煙が出るまで熱し、2にかける。

キスのリエット

ペースト状にした魚をバケットと合わせる、フランスの定番レシピ

使用する さばいた魚 **キスの背開き**　▶さばき方は P.26 へ

材料 （2人前）

キス（背開き）	200g
にんにく	1片
セロリ	20g
玉ねぎ	20g
タイムの葉	1枝分
オリーブ油	大さじ3
塩	小さじ1/3
コショウ	少々
飾りのタイム	適宜
バゲット	4枚

作り方

1 にんにく、セロリ、玉ねぎは薄切にする。タイムの葉を枝からむしる。

2 鍋にオリーブ油と1の野菜を入れて、中火で香りが出るまで炒める。

3 キスの身を粗切りにして、塩、コショウをまぶす。2にキスとタイムの葉を入れて色がつくまで揚げ焼きにする。

4 粗熱を取った3をフードプロセッサーにかける。器に詰めて、お好みでタイムを飾り、バゲット添える。

ソイとドライトマトのソテー

たんぱくな白身魚に地中海の香りを添えて

使用する さばいた魚 ソイのぶつ切り ▶さばき方は P.94 へ

材料 （1人前）

ソイ（ぶつ切り）……………… 80g	水 …………………………… 100ml
塩、コショウ ……………… 各少々	チキンブイヨンの顆粒 …… 小さじ1/4
オリーブ油 ………………… 小さじ2	ミックスハーブ
ブラックオリーブ ……………… 2個	（チャービル、芽ねぎ、イタリアン
ドライトマト ……………………… 1枚	パセリなど）……………………… 適量
にんにく …………………………… 1/3片	
ケイパー …………………… 小さじ1	
アンチョビ ……………………… 1フィレ	
白ワイン ……………………… 大さじ1	

作り方

1 ソイに切り込みを入れて塩、コショウをする。フライパンにオリーブ油（分量外）を敷き、強火でソイの皮目からこんがり焼く。ひっくり返して弱火で約3分焼く。

2 ブラックオリーブは輪切り、ドライトマトは3mm角に切り、にんにくはみじん切りにする。

3 鍋ににんにくとオリーブ油を入れて弱火で熱し、軽く色がついたら、ブラックオリーブ、ドライトマト、ケイパー、アンチョビを加えてソテーする。

4 3に白ワイン、水、チキンブイヨンを加え、塩、コショウで味を調えて粗切りにしたハーブを加える。

5 皿に4を流し、ソイをのせる。

サワラのフリッター

サクッと軽やかな食感とさわやかな味わいが魅力

使用する さばいた魚 サワラの切り身 ▶ さばき方は P.87 へ

材料 （2人前）

サワラ（ぶつ切り）	150g
塩、コショウ	各少々
薄力粉	少々
エリンギ	1本
衣	
薄力粉	30g
ベーキングパウダー	小さじ1/4
水	1/4カップ
オリーブ油	小さじ1
揚げ油	適量
ハーブ	
（セージ、イタリアンパセリなど）	適量
レモン	適量
塩	適量

作り方

1　サワラは3cm角に切り、塩、コショウ、薄力粉をまぶす。エリンギは長さを半分に切って縦に4等分に割り、薄力粉をまぶす。

2　ボウルに衣の材料を入れて泡だて器で角が立つまで混ぜる。

3　フライパンに多めの揚げ油を敷き、170℃に熱ってハーブを素揚げする。180℃に温度を上げて、エリンギとサワラに衣をつけて揚げる。

4　サワラ、エリンギ、ハーブの油を切って皿に盛り、くし形に切ったレモン、塩を添える。

イイダコのトマト煮

タコの旨みに辛味と酸味が加わり、食が進む

使用する さばいた魚　**イイダコの下処理**　▶ さばき方は P.110 へ

材料（2人前）

イイダコ	300g
にんにく	1/2片
赤唐辛子	1/2本
オリーブ油	大さじ1
玉ねぎ	50g
にんじん	20g
セロリ	20g
白ワイン	50ml
トマトの水煮	150g
塩、コショウ	各適量
イタリアンパセリ	適宜

作り方

1 鍋ににんにく、赤唐辛子、オリーブ油を入れて中火弱で香りが出るまで熱する。

2 玉ねぎ、にんじん、セロリをすべてみじん切りにし、**1**に加えて茶色くなるまで5分ほど炒める。

3 **2**にイイダコを加えて強火でさっと炒め、白ワイン、トマトの水煮、塩、コショウを加えて約10分煮込む。

4 器に盛り、お好みでイタリアンパセリを飾る。

カキの殻焼きグラタン

磯の香りが漂うクリーミーで香ばしい逸品

使用する さばいた魚 | **カキの下処理**　　▶さばき方は P.128 へ

材料（1人前）

カキ	2個	水溶き片栗粉	
バター	10g	水	小さじ2
白ねぎ	30g	片栗粉	小さじ1
塩、コショウ	各少々	パルメザンチーズ	5g
生クリーム	10g	パン粉	小さじ1
牛乳	100ml	クレソン	適宜

作り方

1 フライパンにバターを5g入れ、せん切りにした白ねぎを入れて弱火で甘みが出るまで炒める。塩、コショウ、生クリームを加える。

2 軽く洗って水分を取ったカキの殻に**1**を敷き、粗塩を敷いた耐熱容器にカキをのせて並べる。

3 鍋にバター5gと牛乳を入れて沸かし、水溶き片栗粉を加えてとろみをつける。塩、コショウで味を調えてカキにかける。

4 すりおろしたパルメザンチーズと、ざるごししたパン粉を混ぜてカキに散らし、トースターでこんがり焼く。お好みでクレソンを飾る。

ホタテ貝のソテー（オレンジ仕立て）

プリッとしまった良質のホタテに
柑橘のアレンジソースを絡めて

使用する さばいた魚 | ホタテの下処理　▶ さばき方は P.130 へ

材料（1人前）

ホタテの貝柱	5個	水	100ml
オレンジ	1個	チキンブイヨンの顆粒	
はちみつ	小さじ1		小さじ1/4
オリーブ	2個	水溶き片栗粉	
塩、コショウ	各少々	水	小さじ1
バター	10g	片栗粉	小さじ1/2
ブランデー	小さじ1	チャービル	適宜

作り方

1 オレンジの皮を剥き、オレンジの表皮をせん切りにする。鍋に湯（分量外）を入れて皮をゆで、ゆでた皮にはちみつを絡める。オリーブは輪切りにする。

2 オレンジの果肉を5房取り、残りは絞る。

3 ホタテに塩、コショウをまぶして、バターを敷いたフライパンに入れ、強火でこんがり焼く。ブランデーで香りをつける。

4 3に水、チキンブイヨン、オレンジの絞り汁を加えてホタテに絡める。ホタテを取り出して皿に盛る。

5 4のフライパンに塩、コショウ、水溶き片栗粉を加えてとろみをつけ、オリーブとオレンジの果肉を加える。

6 ホタテに5のソースをかけ、オレンジの皮をホタテの上にのせ、お好みでチャービルを飾る。

メバルとアサリのアクアパッツァ

春の魚介の出汁をそのままいただく、イタリアの家庭料理

使用する さばいた魚 メバルの下処理、アサリの下処理

▶ さばき方は P.29・P.126 へ

材料（1人前）

メバル	1尾
アサリ	100g
オリーブ油	適量
塩、コショウ	各少々
にんにく	1片
プチトマト	4個
ケイパー	大さじ1/2
オリーブ	8個
白ワイン	50ml
水	100ml
イタリアンパセリ	1枝

作り方

1 メバルにオリーブ油、塩、コショウをまぶす。にんにくは叩き潰す。プチトマトはヘタを取る。

2 フライパンにオリーブ油とにんにくを入れて熱し、強火でメバルの両面をこんがり焼く。

3 2にアサリ、ケイパー、オリーブ、白ワイン、水の順で加え、蓋をして弱火で3〜4分煮る。

4 3にプチトマトを加えて煮汁をかけながら約1分煮る。塩、コショウで味を調え、粗みじん切りしたイタリアンパセリを散らす。

旬の魚のおいしい食べ方

魚ごとの旬の季節、栄養素、おすすめ調理法を紹介。
知識を深めて魚をよりおいしく食す。

春 3〜5月

春はタイや初ガツオ、ひな祭りでおなじみのハマグリなど、縁起物の代表格が出そろう季節。年度明けで祝いごとの多い時期ならではの魚介を楽しむことが醍醐味だ。

アイナメ（鮎魚女） P.60

春から夏は身が
つまって美味

主な栄養素
- DHA
- EPA
- ビタミン D

❖ **おすすめの** 調理法・料理
- 塩から揚げ P.61
- アイナメのパエリア P.147

カツオ（鰹） P.16

春のみならず秋の
戻りガツオも絶品

主な栄養素
- 鉄分
- ビタミン A
- タンパク質

❖ **おすすめの** 調理法・料理
- カツオのタタキ P.18
- 焼き霜作りと銀皮作りの二種盛り ... P.19
- カツオの燻製 P.142

サヨリ（針魚） P.84

腹は黒いが
味は繊細

主な栄養素
- タンパク質
- ビタミンB12
- カリウム

❖ **おすすめの** 調理法・料理
- 木の葉作り P.85
- サヨリのマリネ P.148

サワラ（鰆） P.86

関西では春
関東では冬の食材

主な栄養素
- タンパク質
- ビタミン D
- ビタミンB12

❖ **おすすめの** 調理法・料理
- はさみ焼き P.87
- サワラのフリッター P.155

タイ（鯛） P.98

多彩な料理に合う
魚の王者

主な栄養素
- タンパク質
- アミノ酸
- カリウム

❖ **おすすめの** 調理法・料理
- かぶと煮 P.99
- 姿作り P.101
- 潮汁 P.101

トビウオ（飛魚） P.46

淡泊で上品な味を
楽しむには刺身

主な栄養素
- ビタミン E
- ナイアシン
- タンパク質

❖ **おすすめの** 調理法・料理
- 刺身 P.47
- 塩焼き
- 干物

メバル（眼張） P.29 >

その名の通り目が
張ったものが新鮮

主な栄養素
▶ タンパク質
▶ DHA
▶ EPA

❖ おすすめの調理法・料理

ヤマメ（山女） P.56 >

淡泊かつ、脂の
のった渓流の女王

主な栄養素
▶ ビタミンD
▶ ビタミンE
▶ リン

❖ おすすめの調理法・料理

アサリ（浅蜊） P.126 >

潮干狩りの代名詞
酒蒸しが特に美味

主な栄養素
▶ 鉄分
▶ ビタミンB12
▶ タウリン

❖ おすすめの調理法・料理

ハマグリ（蛤） P.126 >

夫婦和合の縁起物
栄養価も高く絶品

主な栄養素
▶ 鉄分
▶ タウリン
▶ ビタミンB12

❖ おすすめの調理法・料理

夏 6〜8月

本書に挙げた魚介類では、最も多く
の種が旬を迎える。アユやイシダイ
など釣りで人気の魚の動きが活発。
釣り上げた旬の魚を
さばいて食す醍醐味
を味わえる。

アジ（鯵） P.62 >

日本の食卓には
必須の大衆魚

主な栄養素
▶ DHA
▶ EPA
▶ タンパク質

❖ おすすめの調理法・料理

アナゴ（穴子） P.66 >

江戸前天麩羅の華
塩焼きも絶品

主な栄養素
▶ ビタミンA
▶ DHA
▶ EPA

❖ おすすめの調理法・料理

アユ（鮎） P.4 >

初夏の若いアユは
香りが強く絶品

主な栄養素
▶ ビタミンA
▶ ビタミンB12
▶ カルシウム

❖ おすすめの調理法・料理

イサキ（伊佐木） P.6 >

鮮度の見極めは
腹の張り具合

主な栄養素
▶ DHA
▶ EPA
▶ タンパク質

❖ おすすめの調理法・料理

イシダイ（石鯛）  P.70

歯ごたえのよさを
味わう刺身が絶品

主な栄養素
▶ タンパク質
▶ DHA
▶ EPA

❖ **おすすめの調理法・料理**

イナダ（鰍）  P.74

さっぱりとした
味わいの出世魚

主な栄養素
▶ DHA
▶ EPA
▶ ビタミン E

❖ **おすすめの調理法・料理**

オコゼ（虎魚）  P.14

強面に似合わぬ
上品な味わい

主な栄養素
▶ タンパク質
▶ コラーゲン
▶ リン

❖ **おすすめの調理法・料理**

カマス（魳）  P.20

旨みを凝縮させた
干物が絶品

主な栄養素
▶ タンパク質
▶ EPA
▶ ビタミン D

❖ **おすすめの調理法・料理**

カレイ（鰈）  P.22

まだら模様のない
ものがねらい目

主な栄養素
▶ タンパク質
▶ タウリン
▶ ビタミンB12

❖ **おすすめの調理法・料理**

カンパチ（間八）  P.76

血合いの鮮やかな
ものが新鮮

主な栄養素
▶ DHA
▶ EPA
▶ ビタミン D

❖ **おすすめの調理法・料理**

キス（鱚）  P.26

淡泊で食感の軽い
上品な味わい

主な栄養素
▶ タンパク質
▶ アミノ酸
▶ カリウム

❖ **おすすめの調理法・料理**

コハダ（小肌） P.32

江戸前寿司では
光り物の代表

主な栄養素
▶ カルシウム
▶ アミノ酸

❖ **おすすめの調理法・料理**

シマアジ（縞鯵）  P.88

クセがなく
味わい深い高級魚

主な栄養素
▶ DHA
▶ EPA
▶ アミノ酸

❖ **おすすめの調理法・料理**

スズキ（鱸） P.90

梅雨から夏に
脂がのって美味

主な栄養素
▶ ビタミン D
▶ DHA
▶ EPA

❖ **おすすめの調理法・料理**

タカベ （鯖）

P.42 >

夏の風物詩の
高級魚

主な栄養素

▶ タンパク質
▶ ビタミンD
▶ ビタミンB12

❖ **おすすめの** 調理法・料理

| タタキ ……………………………… P.43
| 南蛮漬け ………………………… P.43

タチウオ （太刀魚）

P.44 >

銀色に輝くものが
ねらい目

主な栄養素

▶ タンパク質
▶ ビタミンD

❖ **おすすめの** 調理法・料理

| 塩焼き …………………………… P.45
| 刺身 ……………………………… P.45

マゴチ （真鯒）

P.50 >

甘みのある淡泊な
味と弾力が特徴

主な栄養素

▶ タンパク質
▶ ビタミンB12

❖ **おすすめの** 調理法・料理

| 洗い ……………………………… P.51
| マゴチのカルパッチョ ………… P.144

メゴチ （女鯒）

P.54 >

ぬめりが強いほど
新鮮で美味

主な栄養素

▶ タンパク質
▶ ビタミンD
▶ ビタミンB12

❖ **おすすめの** 調理法・料理

| 天麩羅 …………………………… P.55
| 刺身

毛ガニ （毛蟹）

P.118 >

春から夏は
オホーツク産が旬

主な栄養素

▶ アスタキサンチン
▶ カリウム

❖ **おすすめの** 調理法・料理

| 茹でガニ ………………………… P.119

スルメイカ （鯣烏賊）

P.116 >

イカの代表格
調理法も多彩

主な栄養素

▶ タンパク質
▶ タウリン

❖ **おすすめの** 調理法・料理

| イカと大根の煮つけ …………… P.117
| 三種盛り ………………………… P.117

アワビ （鮑）

P.124 >

旨味と歯ごたえの
強さが特徴

主な栄養素

▶ タンパク質
▶ アミノ酸

❖ **おすすめの** 調理法・料理

| 刺身 ……………………………… P.125
| 蒸しアワビ ……………………… P.125

サザエ （栄螺）

P.129 >

ふたをつついて
動くものが新鮮

主な栄養素

▶ タンパク質
▶ コハク酸
▶ ビタミンE

❖ **おすすめの** 調理法・料理

| 壺焼き …………………………… P.129
| 刺身
| 酢の物

シジミ （蜆）

P.126 >

旨みが強く
疲労回復効果あり

主な栄養素

▶ オルニチン
▶ ビタミンB12
▶ 鉄分

❖ **おすすめの** 調理法・料理

| 味噌汁 …………………………… P.127

ホタテ （帆立）

P.130 >

国内消費量一位の
貝の王者

主な栄養素

▶ グリコーゲン
▶ アミノ酸
▶ タウリン

❖ **おすすめの** 調理法・料理

| 菊花椀 …………………………… P.130
| ホタテ貝のソテー ……………… P.158

秋

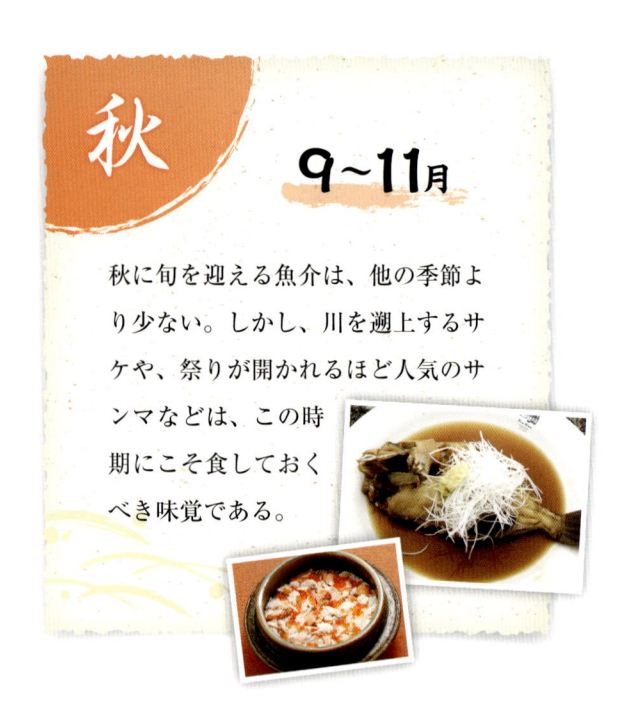

9〜11月

秋に旬を迎える魚介は、他の季節より少ない。しかし、川を遡上するサケや、祭りが開かれるほど人気のサンマなどは、この時期にこそ食しておくべき味覚である。

イボダイ（疣鯛）

P.10

淡白な味わいで
人気の白身魚

主な栄養素
▶ タンパク質
▶ DHA
▶ EPA

❖ **おすすめの** 調理法・料理

イワシ（鰯）

P.12

刺身、焼く、煮る
いずれでも美味

主な栄養素
▶ DHA
▶ EPA
▶ ビタミンB12

❖ **おすすめの** 調理法・料理

カワハギ（皮剥）

P.24

産卵を終えた
秋から冬が人気

主な栄養素
▶ タンパク質
▶ カリウム

❖ **おすすめの** 調理法・料理

クロダイ（黒鯛）

P.30

脂肪分が少なく
あっさりと上品

主な栄養素
▶ タンパク質
▶ ビタミンD
▶ ビタミンB12

❖ **おすすめの** 調理法・料理

サケ（鮭）

P.80

多彩な調理法で
食卓に並ぶ人気者

主な栄養素
▶ ビタミンD
▶ ビタミンB12

❖ **おすすめの** 調理法・料理

サバ（鯖）

P.36

人気の大衆魚
秋は特に脂が増加

主な栄養素
▶ DHA
▶ EPA
▶ ビタミンB12

❖ **おすすめの** 調理法・料理

サンマ（秋刀魚）

P.40

言わずと知れた
秋の味覚の代表格

主な栄養素
▶ DHA
▶ EPA
▶ 鉄分

❖ **おすすめの** 調理法・料理

ニジマス（虹鱒）

P.48

濃い味つけの
料理がおすすめ

主な栄養素
▶ ビタミンB12
▶ ビタミンD

❖ **おすすめの** 調理法・料理

冬 12〜3月

春先の産卵のための準備や、越冬のために脂肪を蓄えることで旨みが凝縮される魚介が多い。淡白な白身魚も、脂がのってコクのあるこの季節に味わいたい。

アマダイ（甘鯛） P.68

味噌との相性が抜群の高級魚

主な栄養素
▶ タンパク質
▶ ビタミンB12
▶ DHA

❖ **おすすめの**調理法・料理

| 西京焼き | P.69 |
| アマダイのクリーム煮 | P.149 |

イシモチ（石持） P.8

弾力のある身はクセがなく美味

主な栄養素
▶ タンパク質
▶ アミノ酸

❖ **おすすめの**調理法・料理

から揚げの黒酢あんかけ	P.9
イシモチの煮つけ	P.108
塩焼き	

イトヨリ（糸縒） P.72

特徴的な縞模様の鮮やかなものが◎

主な栄養素
▶ タンパク質
▶ アミノ酸
▶ カリウム

❖ **おすすめの**調理法・料理

| かけ焼き | P.73 |
| 煮つけ | |

キチジ（喜知次） P.28

別名キンキ特に産卵前が美味

主な栄養素
▶ DHA
▶ EPA

❖ **おすすめの**調理法・料理

| 煮つけ | P.28 |

キンメダイ（金目鯛） P.78

身はやわらかく脂がのって人気

主な栄養素
▶ DHA
▶ EPA
▶ タンパク質

❖ **おすすめの**調理法・料理

| 煮つけ | P.79 |
| 包み焼 | |

サゴチ（挟腰） P.34

身のやわらかさが特徴の出世魚

主な栄養素
▶ ビタミンB12
▶ ビタミンD

❖ **おすすめの**調理法・料理

| はさみ焼き | P.35 |

ソイ（曹以） P.94

独特な黒い体は色濃いものが美味

主な栄養素
▶ DHA
▶ EPA

❖ **おすすめの**調理法・料理

| 煮つけ | P.95 |
| ソイとドライトマトのソテー | P.154 |

ヒラメ（鮃） P.102

クセがなく旨みが強い刺身が最適

主な栄養素
▶ タンパク質
▶ ビタミンD
▶ ビタミンB12

❖ **おすすめの**調理法・料理

| 薄作り | P.104 |

マグロ（鮪） P.105

刺身はもちろん
炙りも美味

主な栄養素
- タンパク質
- ビタミンD
- ナイアシン

❖ **おすすめの** 調理法・料理

まぐろの刺身 彩々 ———— P.107

マナガツオ（真魚鰹） P.52

淡白で脂がのり
焼き物は特に絶品

主な栄養素
- DHA
- EPA
- タンパク質

❖ **おすすめの** 調理法・料理

西京焼き ———— P.53
煮つけ
揚げ物

アカガイ（赤貝） P.123

江戸前寿司の
必須食材

主な栄養素
- ビタミンB12
- 鉄分

❖ **おすすめの** 調理法・料理

ぬた ———— P.123
アジとアカガイの冷製パスタ ———— P.145

イイダコ（飯蛸） P.110

目が出て張りの
あるものが新鮮

主な栄養素
- タウリン
- タンパク質
- アミノ酸

❖ **おすすめの** 調理法・料理

酢の物 ———— P.111
から揚げ ———— P.111
芋ダコ ———— P.111

伊勢エビ（伊勢海老） P.120

姿作りで見た目も
味も楽しむ

主な栄養素
- タウリン
- ビタミンB1
- タンパク質

❖ **おすすめの** 調理法・料理

姿作り ———— P.121

カキ（牡蠣） P.128

栄養価の高い
海のミルク

主な栄養素
- グリコーゲン
- 鉄分
- 亜鉛

❖ **おすすめの** 調理法・料理

カキの殻焼きグラタン ———— P.157

クルマエビ（車海老） P.122

天麩羅、塩ゆで
焼き物など万能

主な栄養素
- タンパク質
- アミノ酸
- アスタキサンチン

❖ **おすすめの** 調理法・料理

天麩羅 ———— P.122
塩ゆで
焼き物

コウイカ（甲烏賊） P.114

鮮度のよいものは
何より刺身で

主な栄養素
- タンパク質
- タウリン
- アミノ酸

❖ **おすすめの** 調理法・料理

バラ作り ———— P.115
かき揚げ ———— P.115

マダコ（真蛸） P.112

吸盤のしっかりした
ものが特に美味

主な栄養素
- タウリン
- タンパク質
- アミノ酸

❖ **おすすめの** 調理法・料理

やわらか煮 ———— P.113
湯引き ———— P.113

ミル貝（海松貝） P.131

煮物もよいが
新鮮なものは生で

主な栄養素
- タンパク質
- ビタミンB12
- マグネシウム

❖ **おすすめの** 調理法・料理

刺身 ———— P.131
酢の物
煮物

魚さばきに使う 包丁・道具

プロの料理人は包丁にこだわる。
包丁の良し悪しが料理のできに大きく影響する。
包丁を知り、使いこなすこともまた料理の腕なのだ。

各部位の名称

和包丁はほとんどが片刃である。それに対し洋包丁はほとんどが両刃。
和包丁は食材によって、多数ある包丁を使い分けるのが特徴。

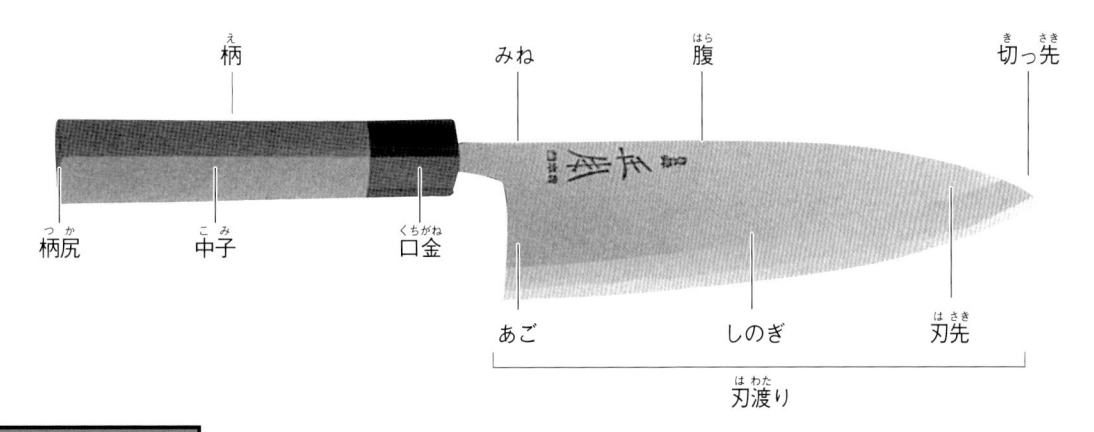

柄（え）　みね　腹（はら）　切っ先（きっさき）
柄尻（つか）　中子（こみ）　口金（くちがね）
あご　しのぎ　刃先（はさき）
刃渡り（はわたり）

包丁の種類

まず揃えるべきは出刃と柳刃。小さな魚をさばくことも多いのでアジ開きも重宝する。
また、ウロコ引きもあると便利だ。

柳刃

最も一般的な刺身包丁。これ一本で
ほとんどの刺身が引ける。

むきもの

野菜をより細かく細工するための包
丁。薄刃よりも小さい。尖った刃先
を利用して様々な飾り切りに使われ
る。

小出刃

出刃包丁の小さなもの。アジなどの
小魚をおろす際に使われるのでこの
名が付いた。家庭で使うのに適して
いる。

出刃

魚をおろす上でなくてはならない包
丁。厚みを利用して骨を断つことも
できる。刃先からあごまで、各部分
を使って魚をおろす。

薄刃

野菜を切るための包丁。菜切り包丁
よりも薄く、幅も狭い。桂むきなど
野菜を細工するときにも便利。

ウロコ引き

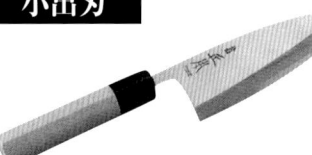

ウロコを取るための道具。硬いウロ
コの魚に便利。

ペティナイフ

小さな野菜などを細工するための洋包丁。西
洋料理では、小さな野菜はまな板を使わず、
素材を手に持って切ることがある。

目打ち

ウナギやアナゴなどに刺してさ
ばきやすくするためのもの。

必ず見つかる、すてきな手づくりの本
ブティック社 検索

ブティック社ホームページ
https://www.boutique-sha.co.jp
本選びの参考にホームページをご覧ください

この本は既刊のブティック・ムック no.1429
「改訂版 魚のさばき方大事典」に新規内容
を加え、書籍として再編集したものです。

魚のさばき方大事典 新装版

2019 年 6 月 30 日　初版発行

調理指導	青島和之
	旬菜割烹びらーじゅ（http://www.villages.sakura.ne.jp）
レシピ提供	川上文代
	デリス・ド・キュイエール（https://delice-dc.com）……… P.144〜P.159
編集人	坂部規明
発行人	内藤　朗
印　刷	凸版印刷株式会社
発行所	株式会社ブティック社
	TEL:03-3234-2001
	〒 102-8620　東京都千代田区平河町 1-8-3
	https://www.boutique-sha.co.jp
編集部直通	TEL：03-3234-2071
販売部直通	TEL：03-3234-2081

PRINTED IN JAPAN　　ISBN：978-4-8347-9015-3

スタッフ
編集・デザイン　株式会社スタジオダンク